時報出版

謝沅瑾

虎年生肖運勢大解析

二〇二二壬寅年

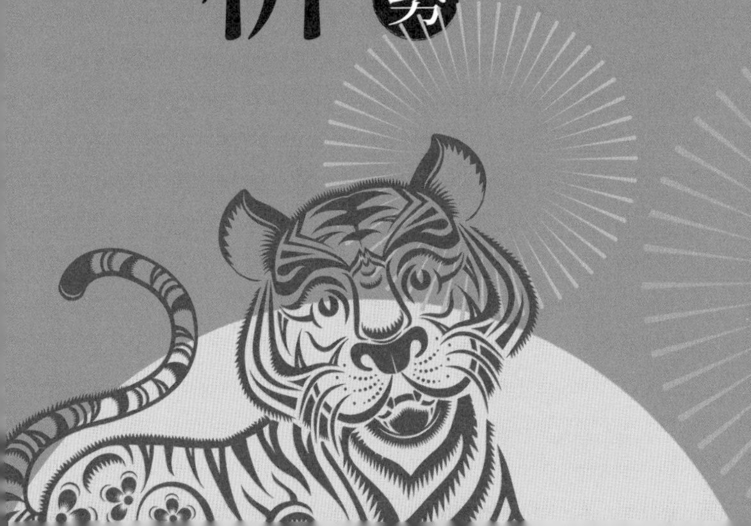

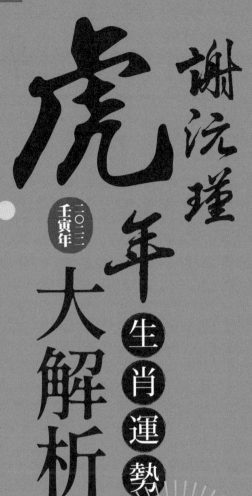

自序

我從一九七八年開始學習命理五術風水，無論古籍、通書或現今風水刊物，始終覺得博大精深，浩瀚無底，進而接觸日本、韓國……等各國命理五術刊物，更覺得深淺不一，各有所述。

一九九四年，我開始長期參與各大電視台採訪錄影，談風水命理，到二〇〇三年，受邀《台灣妙妙妙》專業風水節目錄影長達兩年，其間「風水命理界教父」之名不脛而走，用科學角度分析解釋，開創專業風水命理解析先例，深得好評，其收視率之高，首播加上重播長達十年之久。

自二〇〇四年「風水命理教科書系列」出版後，更造成出版界的一股風水命理旋風，第一本風水書銷售二十七萬冊以上的佳績，連續七年以上排行榜冠軍，更是締造命理類書籍的紀錄，出版業甚至有專文討論解析本書瘋狂銷售的原因，除了讓風水普及之外，更讓大家有正確的科學風水觀。一直以來，除了希望讓大家有正確的風水觀念，以免受騙之外，我更希望能夠讓「通書」、「農民曆」和「命理」融合，讓更多的人方便簡單好用。

常常遇到許多年長的媽媽們，一說到「農民曆」，大部分不是因為內容艱澀使她們「看不懂」，要不然就是密密麻麻的字讓她們「看不清楚」，再者，農民曆中往往充斥許多「不知所云」的內容。因此做一本精確、實用、容易閱讀的農民曆，不只是獻給我自己的爸爸、媽媽，更獻給普天之下有福份的每一位爸爸、媽媽。這本農民曆設計上方便使用、簡單易懂，讓讀者可以自己選擇吉日、吉時，並輕鬆找出每天的財位、貴人、旺方、喜門……等方位，並能避開每天的煞方，讓每個人都能輕鬆趨吉避凶，幫助大家事業有成，事半功倍。

今年更增加了生肖運勢大解析，為大家用生肖與農曆月份排出流年流月，提醒讀者留心自己與家人的運勢，可以提前消災解厄、招財納福。

期望能以此書，讓我的希望理想和座右銘能夠落實在每一位有福氣的朋友身上，那就是：

風水，
讓富人累積財富，
讓窮人改變命運！

謝沅瑾老師大事紀

西元	年齡	重要經歷
1970	6	• 開始學習國術
1978	14	• 開始學習命理五術
1982	18	• 以業餘身份開始從事命理工作 • 考上國術、太極拳合格教練
1990	26	• 白手起家配合風水專業知識創立連鎖事業
1993	29	• 正式執業，成立「謝沅瑾命理研究中心」
1994	30	• 開始長期接受台視、中視、華視、三立、東森……等九家台灣電視台以及平面媒體新聞採訪報導
1995	31	• 受邀長期參與台灣各有線無線電視台節目錄影
1996	32	• 受邀長期參加台灣三立電視台《穿梭陰陽界》、台灣GTV 27《神通鬼大》……等節目錄影
1997	33	• 受邀長期參加台灣中視電視台《社會秘密案》……等節目錄影
1998	34	• 受邀長期參加台灣超級電視台《星期天怕怕》、台灣八大《神出鬼沒》……等節目錄影
1999	35	• 受邀長期參加日本電視台電視錄影 • 受邀參加台灣東森電視台《鬼話連篇》……等節目錄影長達五年
2000	36	• 受邀長期參加台灣三立電視台《第三隻眼》……等節目錄影
2001	37	• 受邀長期參加台灣東森S電視台《社會追緝令》、台灣GTV 28《命運大作戰》……等節目錄影
2003	39	• 受邀參加台灣中天電視台《台灣妙妙妙》……等節目錄影長達兩年
2004	40	• 受邀參加上海電視台演講錄影 • 風水著作「謝沅瑾風水教科書系列」開始出版
2005	41	• 長期受邀於新加坡、馬來西亞……進行多次演説 • 受邀參加台灣緯來電視台《好運望望來》長達一年、《不可思議的世界》……等節目長期錄影
2006	42	• 「謝沅瑾風水教科書系列」第五本《好風水、好桃花》出版 • 「謝沅瑾民俗風水百寶箱系列」—《福》、《祿》、《壽》、《喜》出版

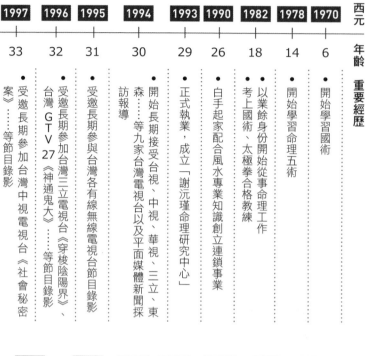

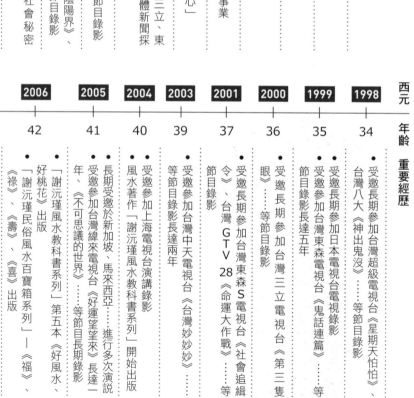

2007　43

- 受邀長期於《獨家報導》撰寫「謝沅瑾回憶錄」，成為第一位在雜誌連載回憶錄的風水命理老師
- 「謝沅瑾風水教科書系列」第六本《招財風水教科書》出版

2008　44

- 「謝沅瑾民俗風水教科書系列」－《謝沅瑾開運農民曆》出版。《一瞬間改變命運》出版

2009　45

- 「謝沅瑾民俗風水教科書系列」－《謝沅瑾老師教你改好運發大財》出版

2010　46

- 受邀長期參與海外澳亞衛視《順風順水》節目錄影
- 「謝沅瑾風水教科書系列」第七本《新居家風水教科書》出版
- 「謝沅瑾民俗風水教科書系列」《謝沅瑾老師教你改好運發大財2》出版

2011　47

- 「謝沅瑾民俗風水教科書系列」第八本《文昌風水教科書》出版
- 「謝沅瑾風水教科書系列」第九本《新居家風水教科書2》出版
- 創立「中國正統民俗風水教育協會」擔任第一屆全國總會理事長
- 當選「中華星相易理堪輿師協進會」第四屆全國總會理事長

2012　48

- 受邀長期參與緯來電視台《風水有關係》錄影

2013　49

- 謝沅瑾「行動風水教室」臉書粉絲團成立，開始分享謝沅瑾老師風水案例

2014　50

- 謝沅瑾老師粉絲頁「謝沅瑾命理／民俗文化研究中心」與「謝沅瑾老師行動風水教室」粉絲目前合計突破43萬人
- 出版《謝沅瑾羊年生肖運勢大解析》一書

2015　51

- 出版《觀相》一書，教讀者看相識人
- 出版《謝沅瑾猴年生肖運勢大解析》一書

2016　52

- 出版《謝沅瑾雞年生肖運勢大解析》一書
- 長期受邀緯來電視台《來自星星的事》錄影

2017　53

- 出版《謝沅瑾最專業的經典居家風水》一書
- 出版《謝沅瑾狗年生肖運勢大解析》一書

2018　54

- 世界道教文化國際高峰會議授予中華道家易經堪輿「卓越貢獻成就獎」
- 出版《謝沅瑾最專業的財運居家風水》一書
- 出版《謝沅瑾豬年生肖運勢大解析》一書

2019　55

- 獲頒國際亞洲風雲人物獎
- 出版泰文版風水書《謝沅瑾最專業的財運居家風水》一書
- 出版《謝沅瑾最專業的開運居家風水》一書
- 出版《謝沅瑾鼠年生肖運勢大解析》一書

2020　56

- 出版《謝沅瑾牛年生肖運勢大解析》一書
- 出版泰文版面相書《觀相》一書

2021　57

- 出版《謝沅瑾虎年生肖運勢大解析》一書

弟子序 于千祐 老師

- 中華堪星道派第十七代掌門宗師
- 中華易經十大名師
- 中國正統民俗風水教育協會總會理事長
- 中華星相易理堪輿師協進會總會秘書長
- 謝沅瑾命理／民俗文化研究中心專任風水解說老師

謝老師不僅破除了一般人把「風水」與「迷信」畫上等號的錯誤認知，更讓這個傳統的知識用科學的理論論證，與時俱進。

自一九八三年起認識謝沅瑾老師，算一算時間已經三十多年了，很多人都很羨慕我，有什麼樣的因緣際會可以認識謝老師？我想也許一切都是緣分吧。一九八三年，當年我們都還是學生，那時，我想創立台灣協和工商夜間部手語社，在學校老師的指引下，認識了已經創立協和日間部手語社半年有餘的謝老師，在他的協助下，終於完成了我的夢想。接著我又加入謝老師在松山區青少年福利服務中心創立的手語社。這個手語社裡，有來自台北市各個有意願創立手語社的高中高職所派出的學生代表，大家一起在這裡學習手語及手語歌，學成之後回到學校去創立手語社，這些學生也就是第一批手語歌流行歌曲表演的種子。

除了和謝老師一起練習手語、手語歌之外，我也和許多人一起向謝老師學習「功夫」（國術），再把國術與手語結合，一起表演。但謝老師是個有豐富才藝的人，最讓我欣賞的並不只是上述的這兩項，而是「文筆」與「易經風水命理」。謝老師在學校裡可說是風雲人物，不論是攝影、文章、新詩等，都有他的作品。從此結下了這個不解之緣。

這麼多年來，我跟隨謝老師走遍世界各地，在眾多場合聽他解析各國不同的風水建築，除了感佩他的知識涵養深厚之外，更讓我感動的是謝老師對「易經風水民俗」永遠不變的熱忱。不論是在華人或非華人區，面對東方或西方人，只要你對風水有興趣，只要你願意提問，謝老師就會不厭其煩的為你詳細解說。他就像是一座大型的知識庫，能從「科學的角度」、「民俗的說法」、「風水的原理」、「依據和根源」全方位的分析老祖宗的智慧，不僅破除了一般人把「風水」與「迷信」畫上等號的錯誤認知，更讓這個傳統的知識用科學的理論論證，與時俱進。我想，這也就是為什麼謝老師能夠讓這麼多政商名流、科技新貴、藝人明星到一般大眾都能信服他、喜歡他的原因吧。

從一九九四年第一個電視新聞採訪開始，到二〇〇四年謝老師的第一本著作出版，二〇一〇年更在澳門「澳亞衛視」開創第一個兩岸四地看的見的「專業風水節目」「順風順水」，拜科技之賜，謝老師是「台灣風水教父」的聲名越來越遠播，走遍世界各地都有人能叫得出謝老師的名字，但無論老師多麼有名，他永遠都能保持赤子之心，永遠那麼謙遜與充滿熱誠，這也是我與老師的弟子們最感佩的地方。

而無論您是老師的觀眾或者讀者，相信看過、聽過他對風水的分析，也能感受到老師對風水的解析真的不一樣，能夠理解他讓大家尊重的原因，他所寫的書，也完全毫不藏私的和大家分享，也希望讀者們都能從中認識到正確的風水知識，並且勇於改變，就像老師經常掛在嘴邊的一句話：「風水讓富人累積財富，讓窮人改變命運」，讓我們一起踏出成功的第一步吧！

弟子序 胡瑋庭 老師

- 中華堪輿道派亞洲區行政負責人
- 中華堪輿道派宗師府大弟子（謝沅瑾老師入室大弟子）
- 謝沅瑾命理／民俗文化研究中心亞洲區行政負責人
- 中國正統民俗風水教育協會全國總會常務理事

自一九九五年認識謝老師開始，從一個拜託謝老師幫忙看自己家裡風水的人，轉變成一個跟著謝老師看人家家裡風水的人，每天和謝老師一起看風水、八字、姓名學已經十八年，然而謝老師給我的感覺，卻跟二十多年前剛認識時一樣，永遠是那麼熱心、真誠與負責。

在開始和謝老師學習時，謝老師已經是一個媒體寵兒，除了固定時間錄影的兩個節目以外，還隨時都會有媒體想要採訪或邀約錄影。

在每天排得滿滿的風水鑑定行程中，還要挪出時間參加各種錄影與訪問，固然考驗了一個助理的能耐，但更考驗了一個老師的品格和人格。

因為在這二十多年來，眼看著許多老師在電視媒體上進進出出、出現消失，或者自以為有名而張牙舞爪、得意洋洋，甚至在命理業務上獅子大開口的人大有人在，能夠像謝老師一樣，在媒體的包圍之下，依然維持一貫的誠實、謙虛、純樸、熱誠的老師，可說是少之又少。

特別是和謝老師在國際舞台上看著美國、日本、新加坡……等世界各國媒體邀約採訪時，一位真正國際級的大師，受到大家真心的尊重，仍然能夠保持平常心，對待所有的人，那種感覺，才是我真正感動的地方。

謝老師要求每一位弟子，一定要有人飢己飢，人溺己溺的精神，並常說道：「法律之前人人平等，相同的，在當老師的人面前也應該是一樣人人平等，絕對不可分貧富貴賤，任何人都有改變命運的權利！」所以和謝老師一起走過的這十八年間，無論是達官貴人，或是一般民眾，謝老師從不分貧富貴賤，都是一樣認真謙虛的對待。

謝老師常常犧牲用餐時間，餓著肚子，還認真的聽每一個人說著自己的問題，看在眼裡，感動湧現在心裡。

在這二十多年中，有好幾次遇到家中發生急難的人，不計一切代價，甚至直接捧著大把鈔票前來，只希望事情能越早處理好越好。這種情況要換做是其他老師，有的可能就照單全收，甚至還趁火打劫，想盡辦法敲竹槓的大有人在，但謝老師不但沒有如此，甚至見到當事人原本就家境困苦，更是伸出援手免費幫忙解決問題，這種善行義舉，對天天和謝老師一起東奔西跑，救苦救難的我們，更是如數家珍。

由於長期在謝老師身邊的關係，謝老師在風水命理姓名學上的專業與準確，對我而言已如同家常便飯，見怪不怪，然而眼看著一位命理老師，長期處在這樣的地位與聲望中，卻依然能保有當年的那股熱情與原則，對我們這種經歷無數，聽過成千上萬家庭的喜怒哀樂的人來說，謝老師的「一路走來始終如一」才是我最敬佩他之處。

弟子序　于子芸 老師

- 中華堪輿道派宗師府二弟子（謝沅瑾老師入室二弟子）
- 中華易經十大名師
- 中國正統民俗風水教育協會全國總會副理事長
- 謝沅瑾命理／民俗文化研究中心總部暨新加坡分部專任解說老師

自一九八四年與謝老師認識，從相信風水、瞭解風水，進而接觸姓名學，在這麼多年接觸學習的過程中，深知謝老師將所學到的知識，毫無保留的傳授給弟子們。

謝老師告誡弟子們：「要把有用的學問，幫助需要幫助的人，絕不能分貧、富、貴、賤。」更不能用自己所學的學問，去做坑、矇、拐、騙的事去害別人，因為我們所說的任何一句話，都有可能會影響到別人的一生，所以說話必須實在，不要誇大，要將別人的問題，用誠懇的心去處理事情、解決問題。

謝老師始終認為，人應該為自己說的話負責，而謝老師許多傳承自師尊的告誡，像是「稻子愈成熟，頭就要垂得愈低。」、「一個人有三分才華，就要有七分謙虛。」不管擁有多強的實力，身處多高的地位，處事低調、謙虛、誠懇，這些特質從謝老師身上便可看到，這也是老師給弟子們的座右銘，我們時時刻刻都謹記在心。

謝老師是一位無私奉獻、值得尊敬的老師，在教授風水上面，毫不藏私，毫無保留地用最簡單的詞彙，清楚明白的教弟子們和電視機前的每一位觀眾。在世界各國各地的演講中，總有無數的命理老師會到現場聽演講，當我們問老師為什麼還是毫無保留的傳授和回答時，謝老師很認真的跟我們講：「這有什麼關係嗎？正確的命理風水知識，如果可以讓每一個人或每一個老師，有更正確的觀念，去幫助更多需要幫助的人時，其實就是傳播善知識，不是一件很好的事嗎？」

這與許多別的老師藏私、嫉妒、自大的態度相比較，有如天壤之別，更加深了我們對謝老師的尊敬，難怪有這麼多人都稱謝老師為「風水命理界的教父」！

謝老師還常說，學問是學無止境，活到老，學到老。謝老師出書，是為了要讓更多的人瞭解風水、命理，進而無形中能幫助更多的人，誠如謝老師所言：「風水讓富人累積財富，讓窮人改變命運。」

我們非常感恩謝老師的教誨，不僅學習到很多專業方面的知識，也學習到許多待人處事的方法與態度，今後我們將秉持謝老師「幫助所有需要幫助的人」的理念，繼續將謝老師服務濟世的精神傳承下去，幫助更多需要幫助的人。

弟子序　李秉蓁 老師

• 中華堪輿道派德國分部負責人
• 中華堪輿道派宗師府五弟子（謝沅瑾老師入室五弟子）
• 中國正統民俗風水教育協會全國總會理事

中國近代「風水史」中，最功不可沒的一人

「風水」這個名詞，是中國在二十一世紀中，令外國朋友印象最深刻的一個詞彙。而中國近代「風水史」中，最功不可沒的一人，非台灣最知名的國際級大師，「謝沅瑾」老師莫屬了。

謝沅瑾老師是台灣第一個純「風水」節目的開山始祖（台灣妙妙妙），自二〇〇三年開播以來，老師的影響力遍及台灣、新加坡、馬來西亞、印尼、美國……連遠在德國的我們也深受其影響。之後二〇〇五年第二個專業風水節目在緯來電視台的「好運望望來」。二〇一〇年澳門「澳亞衛視」的「順風順水」開創了兩岸四地第一個看得見的專業風水節目。二〇一二年緯來電視台的「風水！有關係」……等節目，都是在各地創造高收視率，引領世界各地對中國「風水」一詞研究探討的重要人物，其影響力，在中國「風水文化」歷史定位中是不可抹滅的。不但在世界各地開創了大家對風水的一個新的熱潮，也引領大家對於中國傳統風水的印象，有了非常大的改變。

謝沅瑾老師是第一位在電視上公開用科學的角度解析風水，用現代化顯淺易懂的詞彙分析，把幾十年來的研究，中國人的智慧，大家不論年紀、知識水平的高低，都能理解風水影響的老師。有別於「傳統風水」印象，由於各家秘密不願公開，老師們又各自藏私的重大差別。所以才會被尊稱為「台灣風水命理界的教父」！

遠在德國的我們，也和許多中國人、海外僑胞學子一樣，都是看「謝沅瑾」老師的節目，一路過來的，從自己修正調整，改變風水到親自到台灣取經，登門拜訪謝老師，最令人驚訝的是，「謝沅瑾老師」電視上忠厚老實，和藹親民的印象，在私底下，居然和電視上一模一樣，感覺上就像認識謝老師，很久很久了一樣。而遠在美國也有學子們的論文，和我們一樣是專程到台灣專訪謝老師寫的，連各國的電視台，Discovery Channel……等國際性的節目，也一再到台灣拜訪「謝沅瑾老師」做各種主題性的專訪。

不論您在世界何處，不管您看的是「謝沅瑾老師」的節目或書籍，都祝福您能和我們一樣平安幸福，讓謝沅瑾老師的精神延續下去，「幫助到所有需要幫助的人」，記住老師的名言「風水！讓富人累積財富！讓窮人改變命運！」

目錄

三 擇日與擇時

四 財喜貴方

五 壬寅年風水運用大全

六 壬寅年命名大全

七 招財補運DIY

一

生肖運勢大解析

壬寅年百歲年齡生肖對照表

年份	生肖	年齡
一九二三（12年）	癸亥豬	100歲
一九二四（13年）	甲子鼠	99歲
一九二五（14年）	乙丑牛	98歲
一九二六（15年）	丙寅虎	97歲
一九二七（16年）	丁卯兔	96歲
一九二八（17年）	戊辰龍	95歲
一九二九（18年）	己巳蛇	94歲
一九三〇（19年）	庚午馬	93歲
一九三一（20年）	辛未羊	92歲
一九三二（21年）	壬申猴	91歲
一九三三（22年）	癸酉雞	90歲
一九三四（23年）	甲戌狗	89歲
一九三五（24年）	乙亥豬	88歲
一九三六（25年）	丙子鼠	87歲
一九三七（26年）	丁丑牛	86歲
一九三八（27年）	戊寅虎	85歲

年份	生肖	年齡
一九三九（28年）	己卯兔	84歲
一九四〇（29年）	庚辰龍	83歲
一九四一（30年）	辛巳蛇	82歲
一九四二（31年）	壬午馬	81歲
一九四三（32年）	癸未羊	80歲
一九四四（33年）	甲申猴	79歲
一九四五（34年）	乙酉雞	78歲
一九四六（35年）	丙戌狗	77歲
一九四七（36年）	丁亥豬	76歲
一九四八（37年）	戊子鼠	75歲
一九四九（38年）	己丑牛	74歲
一九五〇（39年）	庚寅虎	73歲
一九五一（40年）	辛卯兔	72歲
一九五二（41年）	壬辰龍	71歲
一九五三（42年）	癸巳蛇	70歲
一九五四（43年）	甲午馬	69歲

年份	生肖	年齡
一九五五（44年）	乙未羊	68歲
一九五六（45年）	丙申猴	67歲
一九五七（46年）	丁酉雞	66歲
一九五八（47年）	戊戌狗	65歲
一九五九（48年）	己亥豬	64歲
一九六〇（49年）	庚子鼠	63歲
一九六一（50年）	辛丑牛	62歲
一九六二（51年）	壬寅虎	61歲
一九六三（52年）	癸卯兔	60歲
一九六四（53年）	甲辰龍	59歲
一九六五（54年）	乙巳蛇	58歲
一九六六（55年）	丙午馬	57歲
一九六七（56年）	丁未羊	56歲
一九六八（57年）	戊申猴	55歲
一九六九（58年）	己酉雞	54歲
一九七〇（59年）	庚戌狗	53歲

年份	生肖	年齡
一九七一（60年）	辛亥豬	52歲
一九七二（61年）	壬子鼠	51歲
一九七三（62年）	癸丑牛	50歲
一九七四（63年）	甲寅虎	49歲
一九七五（64年）	乙卯兔	48歲
一九七六（65年）	丙辰龍	47歲
一九七七（66年）	丁巳蛇	46歲
一九七八（67年）	戊午馬	45歲
一九七九（68年）	己未羊	44歲
一九八〇（69年）	庚申猴	43歲
一九八一（70年）	辛酉雞	42歲
一九八二（71年）	壬戌狗	41歲
一九八三（72年）	癸亥豬	40歲
一九八四（73年）	甲子鼠	39歲
一九八五（74年）	乙丑牛	38歲
一九八六（75年）	丙寅虎	37歲
一九八七（76年）	丁卯兔	36歲
一九八八（77年）	戊辰龍	35歲
一九八九（78年）	己巳蛇	34歲
一九九〇（79年）	庚午馬	33歲
一九九一（80年）	辛未羊	32歲
一九九二（81年）	壬申猴	31歲
一九九三（82年）	癸酉雞	30歲
一九九四（83年）	甲戌狗	29歲
一九九五（84年）	乙亥豬	28歲
一九九六（85年）	丙子鼠	27歲
一九九七（86年）	丁丑牛	26歲
一九九八（87年）	戊寅虎	25歲
一九九九（88年）	己卯兔	24歲
二〇〇〇（89年）	庚辰龍	23歲
二〇〇一（90年）	辛巳蛇	22歲
二〇〇二（91年）	壬午馬	21歲
二〇〇三（92年）	癸未羊	20歲
二〇〇四（93年）	甲申猴	19歲
二〇〇五（94年）	乙酉雞	18歲
二〇〇六（95年）	丙戌狗	17歲
二〇〇七（96年）	丁亥豬	16歲
二〇〇八（97年）	戊子鼠	15歲
二〇〇九（98年）	己丑牛	14歲
二〇一〇（99年）	庚寅虎	13歲
二〇一一（100年）	辛卯兔	12歲
二〇一二（101年）	壬辰龍	11歲
二〇一三（102年）	癸巳蛇	10歲
二〇一四（103年）	甲午馬	9歲
二〇一五（104年）	乙未羊	8歲
二〇一六（105年）	丙申猴	7歲
二〇一七（106年）	丁酉雞	6歲
二〇一八（107年）	戊戌狗	5歲
二〇一九（108年）	己亥豬	4歲
二〇二〇（109年）	庚子鼠	3歲
二〇二一（110年）	辛丑牛	2歲
二〇二二（111年）	壬寅虎	1歲

壬寅年十二生肖整體運勢大解析

整體運勢最佳前三名

❶一九九九年（88年）己卯兔 男性

是屬兔裡頭最旺的，尤其是男性朋友更為加分，貴人運特別強，能夠適時得到幫助，做起事情來左右逢源、得心應手，不管是事業或是其他方面都有不錯的狀態。

❷一九六九年（58年）己酉雞

今年主貴人，在屬雞裡頭運勢算最好的，整體表現很不錯。無形中在貴人的幫助下，只要穩健行事，保持好自己的步調，各方面都會有亮眼的成績，可以把握今年好好努力，加油。

❸一九八八年（77年）戊辰龍

能夠掌握整體運勢的走向，再加上貴人運旺，各方面有很多好的機會，不過要特別注意，今年要盡量避免接觸喪葬的事情或場合，自己或家人的健康也要多花點心思照顧。

整體運勢最差前三名

❶一九五六年（45年）丙申猴

由於逢歲破的緣故，今年會受到一些沖剋，身心方面都會覺得壓力比較大，似乎綁手綁腳，發展受到限制。建議行事保守些，也可以到廟裡安太歲、點光明燈，以提升運勢。

❷一九八〇年（69年）庚申猴

今年辛苦、多勞、不穩定，會感受到比較大的壓力，心情可能稍微苦悶，不容易伸展。其實只要稍微放緩腳步，不要急著想要看到什麼成果，避免急躁，注意細節，後勢自然慢慢改善。

❸一九七七年（66年）丁巳蛇 男性

算是壓力最大的一個年份，主要是投資方面可能有狀況，連帶為解決問題而影響到身心健康，導致蠟燭兩頭燒。因此今年要沉潛，不要強出頭，凡事低調以對，三思而後行，對你而言就是好的。

財運最佳前三名

❶一九九九年（88年）己卯兔 男性

今年貴人運相當強，為你帶來許多的協助，也增加發展的機會，可說是如魚得水。只要經營好人際關係，保持低調、謙遜，財運也就相對跟著提升。

❷一九九四年（83年）甲戌狗

貴人運、財運、人際關係都頗有開展，正值事業衝刺的年紀，整體運勢蠻不錯的，機會也多。如果做事、外出走動時稍微細心留意，不要急躁，再加上貴人的幫助，自然會有亮眼的成果。

❸一九九五年（84年）乙亥豬

會有貴人帶來一些財運，有好的機會和發展，只要提升自身的穩定性，行事不要毛躁，避免與人摩擦，就有更大的加分。人際關係的經營是生財的重點，得到他人的幫助之餘，也別忘了回報與行善。

財運最差前三名

❶二〇〇一年（90年）辛巳蛇 男性

整體運勢比較受到壓制，與人相處時狀況會比較多，言行舉止要多加修飾，避免產生摩擦，異性朋友若提出建言也要仔細聆聽、分析。因為漏財的關係，投資容易事與願違，建議不要做大型的投資，保守為宜。

❷一九八〇年（69年）庚申猴

今年受到的影響較大，辛苦、多勞、不穩定，看不到什麼成果，投資不如預期的狀況多，有可能是因為受到錯誤資訊拖累，或者是自己出現判斷失誤而導致損失。冷靜面對處理事務，就是今年的原則，記得只要平安就是福。

❸一九八六年（75年）丙寅虎

因為犯太歲的關係，整體運勢、財運方面來説會受到一些影響，沒有辦法施展身手。今年只要行事稍微低調、保守一點，在人生的道路上適時休息，度過相對低潮的階段，狀況自然會慢慢回穩。

事業最佳前三名

❶一九九九年（88年）己卯兔 男性

今年會出現很多貴人，做事左右逢源，讓人感到如魚得水，整體來說，像是工作、財運等，都會得到很大的加分，因此要好好掌握，態度謙遜，積極努力，將會很容易得到別人的賞識跟注目。

❷一九六九年（58年）己酉雞

運勢旺，貴人運加分，會出現很多無形的助力，過去努力經營打底的人際關係都讓你得到回報，對於財運、事業的幫助也很大。如何讓人際關係方面繼續有好的發展，是今年可以留意的課題。

❸一九八八年（77年）戊辰龍

因為貴人運強的緣故，整體狀況都還不錯，可以掌握全局，努力也會被認可。要特別注意的是盡量避免接觸有關喪葬的場所或物品，留意一下不要因此影響大局，才能夠更上一層樓。

事業最差前三名

❶一九七七年（66年）丁巳蛇 男性

今年壓力較大，運勢受到一定的影響，因此必須注意控制情緒，管好脾氣，保持低調。另外特別留意金錢的處理，多花點心思，避免出狀況。工作上如果有異性長官和同事的建言，不妨多聽聽，有其受用之處。

❷一九八六年（75年）丙寅虎

因為犯太歲的關係，感受到比較大的壓力，心情可能稍微苦悶。建議步調稍微放緩，不要急著想要得到什麼結果，避免急躁行事，注意細節，後勢自然慢慢回穩。

❸一九九〇年（79年）庚午馬

今年有貴人運，但相對的小人也偏多，有時不是那麼容易分辨誰是貴人、誰是小人，導致多走冤枉路，事倍功半，是屬於比較勞苦奔波的狀態。只要謹慎判斷，保持低調，不輕易投資或消費，就能讓影響減到最低。

桃花最佳前三名

❶一九九三年（82年）癸酉雞、二〇〇五年（94年）乙酉雞

癸酉雞的朋友，若尚未結婚或是還沒有明確的對象，會因為貴人的幫忙，可望有不錯的人際關係開展，不妨好好把握機會，或許會有適合你的緣分。而乙酉雞的朋友，人際關係在今年來說，算是很好，像是在校與老師、同學的互動上、社團聯誼活動等，都有不錯的成果。

❷一九九五年（84年）乙亥豬

正值適婚及交友年齡，今年好的桃花比較多，只要保持穩定的情緒，態度謙和，言行舉止不要毛毛躁躁，再加上有貴人的幫忙，有機會認識適合的對象。

❸一九九九年（88年）己卯兔 男性、一九八九年（78年）己巳蛇 女性

己卯兔的男性今年吉星發威，不管是在事業或感情方面都有好的進展，還沒有適合對象的朋友不妨多花點時間在感情的經營上。己巳蛇的女性朋友，今年桃花的機會多，但要注意態度不要急躁，以免產生摩擦或是會錯意的狀況，另外牽涉到金錢的交往也要避開。

桃花最差前三名

❶二〇〇一年（90年）辛巳蛇 男性

今年比較辛苦多勞，尤其要留意感情或人際關係的處理，盡量避免產生摩擦，也要留意金錢方面容易出現問題，導致漏財的情形發生，所以要小心謹慎，以免出現不好的桃花或人際來往帶來不必要的損失。

❸一九九〇年（79年）庚午馬

雖然有桃花的機會，但因為今年整體運勢的影響，容易出現小人，若不謹慎判斷，恐怕被人耍得團團轉，因而在行事或感情方面多走冤枉路，甚至惹來一身腥，這點要特別注意。

❷一九八六年（75年）丙寅虎

感情上容易出現不順，甚至是不好的桃花，或因相關的問題而產生爭執。今年在桃花方面建議態度保守，慎選對象，小心分際，以避免發生不必要的狀況。

預防健康問題前三名

❶一九六七年（56年）丁未羊、一九九一年（80年）辛未羊

丁未羊今年運勢有點受到壓制，心情憂鬱，有可能導致健康上的問題，因此要盡量保持開朗的心情。辛未羊則是比較辛苦、奔波多勞，身體健康方面容易受到影響。這兩個年份出生的朋友今年都不適合接觸有關喪葬、疾病的場合，要多加留意。

❷一九九七年（86年）丁丑牛

因為年運的關係，今年受到的壓力比較大，尤其是工作方面，可能會覺得有點喘不過氣來。正值在職場上奮鬥的年紀，錢要賺，身體也要顧，懂得適時休息，這樣才能走得長久。

❸一九七六年（65年）丙辰龍、二〇〇〇年（89年）庚辰龍

丙辰龍的朋友因為大環境的關係，今年壓力比較大，建議在飲食、作息方面多加留意，疾病、喪葬的事情或場所盡量避免接觸。庚辰龍的朋友今年較辛苦、多勞，雖然年輕人要衝刺事業、學業，但積極之餘也別忘了留意身體，避免小狀況累積成大問題。

預防血光意外前三名

❶一九五六年（45年）丙申猴、一九八〇年（69年）庚申猴

丙申猴適逢歲破，壓力會較大，有點綁手綁腳，因此容易急躁、衝動，其實只要保持平常心，放輕鬆，就可以平順度過。庚申猴的朋友要冷靜處理事務，不要急躁，無論是出入、工作等，都要保護好自己，避免發生狀況。

❷一九八六年（75年）丙寅虎

是屬虎裡頭壓力較大的，容易感受到工作、環境、家庭等各方面帶來的問題，不容易突破。建議做事不要毛躁，穩健踏實，避免因莽撞而出問題。也可以在正月十五前到廟裡安太歲，讓一切比較平順。

❸一九九六年（85年）丙子鼠

今年容易出現受傷或血光之災的狀況，平時騎車、開車要小心，不要太過急躁，日常生活起居、工作場合、外出遊玩也都要留意安全，避免像是跌倒、滑倒這類意外的發生。

壬寅年十二生肖流年、流月解析

肖鼠者運勢（15、27、39、51、63、75歲）

屬鼠的朋友今年整體運勢比較平穩，但因有天狗星入宮的關係，無論外出騎車、開車，或是工作的場合等都要多加謹慎小心，眼觀四面，耳聽八方，避免發生受傷、車禍、意外、血光等狀況。民間說法認為天狗星屬凶星，建議農曆正月十五前到廟裡制天狗，以降低不好的影響。除此之外，整體運勢看來算是不錯的。

本年整體運勢

一九四八年（37年）　戊子鼠　75歲

今年整體看起來四平八穩，雖然沒什麼太大的發展，但以退休的年紀來說，平安就是福，運勢算屬鼠裡最好的。外出、行車等稍微注意一下，記得到廟裡制天狗，自然就沒什麼太大的問題。

一九六〇年（49年）　庚子鼠　63歲

今年容易出現漏財的情況，或是因為健康、醫療而導致的金錢支出，要盡量避免投資，或大肆開展事業第二春，也要克制衝動花費，凡事衡量後再做決定，保守因應，以免導致更大的影響。

一九七二年（61年）　壬子鼠　51歲

今年運勢算是比較平穩的狀態，雖然有天狗星的問題，但以大方向來說沒有太大的起伏變化。凡事只要避免暴衝，謹慎以對，設法在平穩中求發展。

一九八四年（73年）　甲子鼠　39歲

算是屬鼠裡頭表現還不錯的，會有貴人的幫助，讓你在財運上有好的機會。只要工作上注意細節，避免失誤；出門在外，騎車、開車的時候稍微小心，就能夠把握今年度的運勢，力求發展。

一九九六年（85年）　丙子鼠　27歲

是屬鼠中壓力比較大的，尤其上半年度更加明顯，特別是在工作方面。正值青壯年，容易急躁、衝動，建議要調整心態，多聽多看，平穩中求發展。記得正月十五前到廟裡制天狗，減少一些突發的狀況，讓運勢更平順。

二〇〇八年（97年）　戊子鼠　15歲

整體看來，不管是課業，或是在校人際關係等方面都很不錯，平時運動、休閒注意安全，避免受傷，才能把握今年的運勢，好好努力。

每月運勢

平 **一月運勢：**本月份平順，新春期間訪友、出遊，要多留意行車安全。農曆正月十五日之前，記得到廟宇中祭天狗，以化解凶星。

凶 **二月運勢：**本月運勢不佳，容易與人有爭執、口角的情形產生，加上年運有凶星的影響，應該盡量克制自己的脾氣，避免發生衝突，以免招來血光意外。

吉 **三月運勢：**本月份運勢很不錯，工作的壓力變小了，可以明顯感受到貴人帶來的好運，要好好把握機會多加努力，財運方面也能因此有不錯的斬獲。

平 **四月運勢：**本月份的運勢平平，可以參加一些課程，學習工作相關的技能，或者鍛鍊身體。但不管是外出或從事各種活動都要謹記安全第一。

凶 **五月運勢：**本月運勢不佳，你需要注意自己的言行，不要逞口舌之快，當心禍從口出。行事盡量低調，不要太好辯，固執己見容易樹敵壞事。

凶 **六月運勢：**本月運勢不佳，自身的安全以及金錢方面要多加注意，受傷、意外也會帶來破財。另外，感情方面也容易有問題，要多花心思經營。

吉 **七月運勢：**本月的運勢佳，各方面不乏各種貴人出手相助，金錢運也明顯地變好了，讓你春風滿面，笑逐顏開。

凶 **八月運勢：**本月運勢不佳，跟人溝通事情，很容易有衝突，記得提醒自己保持謙遜的態度，以免進行中的各種合作因為衝動而破局，小不忍則亂大謀。

平 **九月運勢：**本月份運勢平順，上個月出現的爭執，可望有解套的機會。過去做過的莽撞之事，現在則是收拾後果的好時機。

吉 **十月運勢：**本月份運勢佳，跟前兩個月相比，會明顯感覺到各方面都順暢許多，可以重新檢視自己的工作或者家庭，好好整頓與規劃。

平 **十一月運勢：**本月運勢平平，心態上比較放鬆，有空的時候可以去參加志工活動，有機會多多幫助別人，有助於運勢的提升。

吉 **十二月運勢：**本月運勢佳，年關將近，凡事不用開口自然有人出手相助，如果這一年來夠努力，還有可能會有不錯的年終進帳，可以過個好年。

肖牛者運勢（14、26、38、50、62、74歲）

本年整體運勢

脫離去年犯太歲的狀況，今年整體發展有明顯的上升，運勢算是滿不錯的，貴人運旺，讓屬牛的朋友獲得不少的幫助，做事情左右逢源。不過今年因為有病符星的關係，所以要特別注意相關的問題，工作上積極表現，也別忘留意自身健康，避免出現不必要的問題影響整體發展。

一九四九年（38年）　己丑牛　74歲

本年度整體表現非常好，人際關係提升，貴人運強，無形中得到的助力甚多，讓運勢加分，做事情可說游刃有餘。但要留意的是有關健康方面的問題，盡量在日常生活中做到身心平衡，避免過於操勞，這是今年的重要課題。

一九六一年（50年）　辛丑牛　62歲

運勢上來說都還不錯，但要注意有關金錢方面的支出。今年不適合從事投資，尤其是大額的支出，像是購置不動產一類的規劃，都應該審慎評估，也要避免衝動消費，這是需要留意的地方。

一九七三年（62年）　癸丑牛　50歲

比起去年，今年的運勢可說進步了不少，尤其財運方面有明顯提升，進財順利，再加上有貴人相助，所以整體表現蠻不錯的，算是穩定發展的一個年份，只要多加努力，自然有好成績。

一九八五年（74年）　乙丑牛　38歲

屬於向前衝刺的年紀，以事業運來說是屬牛裡頭最好的，但可能因為工作本身的關係，或是大環境的影響，壓力會大些。但還好會有貴人的幫助與提點，使得發展機會比較多。因此，多聽他人意見，設法紓解壓力，穩定情緒，相信會有好的表現。

一九九七年（86年）　丁丑牛　26歲

今年受到的壓力會比較大，各方面的期待也多，因此可能會覺得稍微有點喘不過氣來。面對大環境的狀況，還有個人周遭的氛圍，要留意因而導致的健康問題，尤其剛好是正值在職場上奮鬥的年紀，特別要注意身心的平衡發展。

二〇〇九年（98年）　己丑牛　14歲

各方面來說，像是學校的課業、人際關係等都還不錯，認真努力後也容易得到大家的肯定。唯一要注意的就是自己的身體狀況，讀書、寫功課需做好規劃，避免長期操勞熬夜，才能有好的狀態。

每月運勢

吉 **一月運勢：**本月運勢佳，金錢運很不錯，暗示著過年紅包有機會讓你很滿意。但小心不要過度熬夜或者吃太多，以免影響身體健康，樂極生悲。

平 **二月運勢：**本月份運勢平順，適合好好修身養性。調整自己的作息，安排一些運動與養生的活動都很不錯，保養自己的身體，是你今年最大的課題。

凶 **三月運勢：**本月運勢不佳，脾氣比較衝，別人無心的一句話就能讓你大爆炸。控制一下自己的情緒，以免損害人際關係，也危害到自己的身體健康。

吉 **四月運勢：**本月運勢佳，受到吉星的影響，運勢非常好。不管是工作或其他方面遇到的問題，都能有貴人直接或間接的幫助，心中困擾的事，也能迎刃而解。

凶 **五月運勢：**本月運勢不佳，要特別小心。尤其是有身體上的病痛，如果有些預兆就要積極處理，千萬不要忽視不管，否則可能會因此傷身又破財。

凶 **六月運勢：**本月運勢不佳，被無端的憂愁困擾著，很多事情你會變得固執不願讓步。建議好好調節情緒、調整心態，以免悶出病來。

平 **七月運勢：**本月運勢平平，不過工作上的壓力會有點大，或許是工作量、也有可能是來自上司的壓力所致。記得適時紓壓，避免因而產生病痛。

吉 **八月運勢：**本月運勢佳，金錢運很旺，適合做一些理財投資的規劃，評估的過程也會有貴人來指點，有機會獲得不錯的進帳，但投資時還是要量力而為。

凶 **九月運勢：**本月份運勢不佳，容易沒耐性，一下子就火氣爆表，總覺得所有的人都無法溝通。建議你遇到事情先深呼吸，整理情緒後再行動。

吉 **十月運勢：**本月運勢佳，財運跟貴人運都很好，心情輕鬆，各方面都很順暢。如果有想要開展的新計畫，可以盡量把握這個月，會有一個不錯的開始。

平 **十一月運勢：**本月運勢平平，有利於處理人際間的問題，對於需要溝通的工作，可以在此時做好規劃，穩定踏實地執行，可以取得不錯的成果。

平 **十二月運勢：**本月運勢平順，之前身體如有不舒服的狀況，將有所改善。年關將至，跟家人的互動也變得頻繁，一些家務方面的問題，可以好好處理一番。

肖虎者運勢（13、25、37、49、61、73歲）

本年整體運勢

屬虎的朋友在今年因為犯太歲的關係，所以凡事必須要稍微小心注意，做事要三思而後行，出外不管騎車、開車或者出入行走，甚至工作等各方面，都要預防血光意外的發生。總的來說，上半年會有些壓力起伏，下半年後才會比較回穩。民間建議農曆正月十五日前到廟裡安太歲和點光明燈，透過一些民俗方式來調整，再加上行事謹慎，自然可以平平順順。

一九五〇年（39年）　庚寅虎　73歲

今年度特別注意的是要避免魯莽行事，尤其是金錢方面，不管是投資也好，或者是在其他方面，凡事先思考一下，以免因衝動而造成不必要的損失。有時候可能為了抒發情緒、轉移壓力而衝動消費，這方面也要注意。平時不妨適度運動，保持正向，可以讓身心更健康。

一九六二年（51年）　壬寅虎　61歲

整體而言，上半年度的運勢仍保持在比較平穩的狀態，但是下半年度的壓力會增加一些，尤其今年因為犯太歲的關係，行事上要稍微保守些，不用刻意追求太大的發展，只要能穩定中求成長即可。

一九七四年（63年）　甲寅虎　49歲

運勢很不錯，算是屬虎裡頭第二好的，特別是在工作方面有好的機會，也有貴人的幫忙，因此表現會比其他人更勝一籌。但要注意的是，今年是犯太歲，因此出門在外、騎車開車等要多留意，也可安太歲或點光明燈，讓運勢加分。

一九八六年（75年）　丙寅虎　37歲

今年是屬虎裡頭壓力較大的，尤其是上半年，容易感受到各方面帶來的問題，情緒稍微苦悶了些，備感壓抑，不容易突破。建議做事不要毛毛躁躁，要踏實、低調，小心駛得萬年船，進入下半年後運勢自然慢慢回穩。

一九九八年（87年）　戊寅虎　25歲

雖然是犯太歲，卻是在屬虎裡頭運勢算是最旺的，發展的機會也多，在財運、事業運，或是貴人運等方面，都是蠻好的，不過既然今年太歲當頭，出入還是要小心謹慎，注意工作上的細節，相信會有更好的成績。

二〇一〇年（99年）　庚寅虎　13歲

今年容易受到周遭環境的影響，要特別注意情緒方面的管理，在校與人相處、言行舉止，讀書等等都不要過於急躁。另外也要避免衝動花費，而讓自己的零用錢出問題，這方面要多加留意。

每月運勢

平 **一月運勢：**本月運勢平順，但由於太歲當頭座，可利用年假期間，到各大廟宇拜拜祈求好運，農曆正月十五前要記得安太歲，保平安。

吉 **二月運勢：**本月運勢佳，有貴人扶助，不管事業或者感情上都很順遂。金錢運也不錯，能有很好的進帳，只是犯太歲之年，凡事還是需要低調一點。

吉 **三月運勢：**本月運勢佳，事業運不錯，只要有想法或企劃，一提出來都有貴人會為你踢上臨門一腳，應該好好把握這個好運勢，努力衝刺，會有不錯的進展。

凶 **四月運勢：**本月運勢不佳，容易犯小人，別人的幾個小動作，可能就會讓你因為負氣而誤事。建議要冷靜思考，三思而後行，以免後悔莫及。

吉 **五月運勢：**本月運勢佳，容易獲得別人的幫助，讓事情順利進行。上個月較大的開銷，也可望有機會可以補回來，金錢運佳。

平 **六月運勢：**本月份運勢吉中帶凶，雖然有貴人會為你帶來助力，但你容易有太過自信的情形，而受到來自上司的壓力。要謹記「滿招損、謙受益」。

凶 **七月運勢**：本月份運勢不佳，你的主觀意識比較強，講話比較衝，會跟人發生衝突。再加上小人環伺，情勢非常嚴峻。記得行動前多想一秒，才能趨吉避凶。

平 **八月運勢**：本月運勢平平，不過工作上的壓力不小，來自長輩或上司的壓力，讓你有些喘不過氣。建議找些紓壓的方式，參加運動課程，是很不錯的選擇。

吉 **九月運勢**：本月運勢極佳，貴人運相當好，財運也跟著上揚。建議可以把握機會好好努力，對未來的發展有很好的幫助。但因犯太歲，凡是記得要低調。

平 **十月運勢**：本月運勢吉帶凶，一方面延續上個月的貴人運跟財運，事情可以順利推展。但另一方面，你容易與人有爭執，要小心應對，以免造成破局。

平 **十一月運勢**：本月運勢平平，這段時間適合學習，安排進修的活動。低調的累積自己的實力，不要太高調喧嘩，以免引來不必要的紛爭。

平 **十二月運勢**：本月運勢平平，工作或生活上，按部就班即可。這段相對優閒的時間，可以多行善事、累積福德，為自己的好運加分。

肖兔者運勢（12、24、36、48、60、72歲）

本年整體運勢

屬兔的朋友今年吉星聚集到命宮，事業、健康、財運、貴人運等各方面都很好，整體加分不少。因為太陽星入宮的關係，男性朋友尤其亮眼，女性的表現也都還不錯。不過要注意的是，無論是男性或女性朋友，今年在生活中或職場上，感情以及人際來往方面都要謹慎處理，拿捏好分寸，以避免不必要的狀況。

一九五一年（40年）　辛卯兔　72歲

整體運勢還不錯，只要平時保養好身體，有空多出門走走，保持愉快的心情，就比較能夠預防健康方面的問題。稍微謹慎評估有關投資與消費的需求，避免衝動花費，這樣會是蠻不錯的一年。

一九六三年（52年）　癸卯兔　60歲

運勢來看是屬兔裡頭較好的，穩定中發展的狀態，有吉星，貴人運也旺，因此助力也多。還在衝刺事業的朋友可以抓準方向，平順前進，退休的朋友則可以好好安排生活，放鬆身心。

一九七五年（64年）　乙卯兔　47歲

今年表現蠻不錯的，在屬兔的生肖裡來說運勢算是第二好的，貴人運特別的強，尤其是男性朋友的表現又更加突出，當然女性朋友也是相當不錯。無論男性或女性，只要好好努力把握，都能夠有好的成績展現。

一九八七年（76年）　丁卯兔　36歲

在屬兔的生肖裡來說算是壓力較大的一位，尤其是上半年度會更明顯。保持低調、穩健，度過上半年之後，下半年整體就會回升。不過還好今年度會有貴人幫忙，只要行事不衝動，力求於平穩中發展，相信就不會有太大的問題。

一九九九年（88年）　己卯兔　24歲

今年度吉星發威，是屬兔裡頭最旺的一位。總的來看，不管是在工作、事業，或者是人際關係等各方面，都有好的表現，尤其是男性朋友更為加分。記得為人要保持低調、謙遜，不要過於強勢，自然能夠穩定成長。

二〇一一年（100年）　辛卯兔　12歲

今年整體表現算不錯，但因為年紀、環境變化的關係，可能會稍有壓力，不過這些都是必經之路，也是一個成長的機會。只要快樂學習，顧好課業，適當休閒，還是一個有收穫的年份。

每月運勢

吉 **一月運勢：**本月運勢佳，新年伊始心情飛揚，可以多安排與朋友聚會，男性朋友有機會可以找到不錯的感情對象，也會有貴人暗中為你助力。

平 **二月運勢：**本月運勢平順，由於今年工作運各方面都很不錯，可以把握機會，想做的新計畫好好規劃與執行，有機會可以獲得不錯的成果。

平 **三月運勢：**本月份運勢吉帶凶。男性朋友在吉星照耀下，將能夠有不錯的桃花運。不過女性朋友就要慎防爛桃花，否則很有可能因為感情而損財。

平 **四月運勢：**本月運勢平平，在沒有太多壓力的情況下，為自己安排規律的生活與運動，能為自己累積將來衝刺的資本。

凶 **五月運勢：**本月運勢不佳。你會很忙碌，心理壓力比較大，一忙起來就容易與人口角衝突，要靜下心來好好溝通，否則破壞了團隊和諧，會帶來不良影響。

吉 **六月運勢：**本月份運勢極佳。貴人運很強，金錢運也非常好。適合規劃理財、投資相關的活動。男性朋友，可能會有異性貴人為你帶來好消息。

凶

七月運勢：本月運勢不佳，各方面會都能感受到一些壓力。雖然不至於受到太大的損失，但凡事仍要小心為宜。女性朋友的壓力來源，有可能是爛桃花的侵擾。

凶

八月運勢：本月運勢不佳，做起事情來，感覺都有人在扯你後腿，是非也很多。凡事要盡量保守忍耐，儘管想法跟觀念跟別人不同，也要耐心好好溝通。

吉

九月運勢：本月運勢佳，感覺自己又是個萬人迷了。很多人會主動對你伸出援手，事情進行得很順利，財運也跟著好起來，如魚得水。

吉

十月運勢：本月運勢佳，延續上個月的好運勢，做起事來得心應手，事業上成績不俗，男性朋友特別容易獲得女性上司或客戶的欣賞，能加分不少。

凶

十一月運勢：本月運勢不佳，凡事要多加謹慎，要比免口角衝突的情形發生。女性朋友要注意婦科疾病，有不舒服的地方要盡快就醫。

平

十二月運勢：本月份運勢平順，年關將近，適合用來經營家務與人際關係。多些時間與家人相處，能增加你們的親密感，也能讓你衝刺事業無後顧之憂。

肖龍者運勢

（23、35、47、59、71、83歲）

本年整體運勢

本年度貴人運強，整體表現上算還不錯，但是由於喪門星入宮的關係，要注意身體的健康，也要留意家人的狀況。若非必要，盡量避免接觸一些有關疾病、喪葬方面的事情或場所。生活起居、出門在外、交通等方面要多小心。建議可以到廟裡點光明燈，加強運勢，也讓貴人運更發揮。

一九四〇年（29年）　庚辰龍　83歲

要注意日常支出可能會稍微不穩定一點，另外健康方面來說要特別小心，以免因為相關的問題而導致漏財。可以的話避開接觸疾病、喪葬方面的場所。保養好自己的身體，留意生活起居各方面，其他就沒有太大的問題。

一九五二年（41年）　壬辰龍　71歲

今年的整體運勢是屬於比較平穩的狀態，各方面例如人際、家庭等都還不錯。保持愉快的心情，對健康、運途來說都是好的，正所謂平安就是福。

一九六四年（53年）　甲辰龍　59歲

今年可以說是非常的好，有貴人的幫助，事業上機會多，表現也亮眼，不過就是在健康方面要多留意一些，不要積勞成疾，也盡量避開接觸疾病、喪葬方面的場所。

一九七六年（65年）　丙辰龍　47歲

是屬龍中壓力比較大的一個，比較容易受到大環境的影響，尤其是上半年度的狀況更為明顯，還好進入下半年後有貴人的幫忙，因而漸漸能夠步上軌道。由於承受壓力的緣故，建議在飲食、作息方面多加留意，以減少健康的問題的產生。

一九八八年（77年）　戊辰龍　35歲

今年運勢在屬龍裡頭算是最好的，雖然大環境所帶來的壓力在所難免，但整體狀況都還不錯，可以掌握到全局，努力也會被看見，進而得到更多的機會。別忘了把握這個時機，努力衝刺。

二〇〇〇年（89年）　庚辰龍　23歲

今天度呈現一個比較辛苦、多勞、變動和不穩定的狀態，也容易出現漏財，所以要留意投資的風險，有可能產生表面看起來很好，但實際投入卻出現石沉大海的狀況。上半年盡量保守為宜，等到下半年貴人逐漸浮現，審慎評估後再伺機而動。

每月運勢

吉

一月運勢：本月運勢佳，趁著過年期間到處走春，為自己的運勢加分。但因凶星入宮的影響，農曆正月十五前，記得到廟裡祭解，以化解凶星的負面能量。

平

二月運勢：本月運勢吉帶凶，尤其感情方面會需要特別注意，購物時也會有過於衝動的情形，造成損財。還好有吉星的幫助，凡事多注意就不會有太大問題。

凶

三月運勢：本月運勢不佳，做起事情來不太順利，談好的事情容易有變卦。重要的事項要多聽別人意見，可以的話盡量避開本月進行會比較順利。

平

四月運勢：本月運勢平順，沒有特別起伏的這段時間，適合用來好好檢視自己與家人的身體健康，安排時間一起做個體檢也是不錯的想法。

凶

五月運勢：本月份不佳。工作上壓力不小，還要小心小人的影響，記得要適度休息，避免熬夜，生活起居、外出交通都要多留心，以免損害身體健康。

平

六月運勢：本月運勢吉中帶凶，在工作上有貴人的助力，但來自上司的壓力也不小，適時放慢腳步，安排一些戶外活動，對於身心都會有很好的提升。

吉

七月運勢：本月運勢極佳，先前卡住的事情，或者身體上出現的小狀況，都可望在貴人的相助下，一一排除。財運也很不錯，可以把握機會好好規劃。

吉

八月運勢：本月運勢佳，你會獲得同儕或親人的幫助，工作上用平常心去面對，放開胸懷，就能獲得水準之上的成果，令人稱羨。

凶

九月運勢：本月運勢不佳，脾氣突然變得很火爆，跟誰都能一言不合，記得好好控制脾氣，否則人際關係與感情運都會受到損害，甚至影響健康，得不償失。

平

十月運勢：本月運勢平平，凡事只要依照平常的步驟，如實的進行即可。可以多花點時間與家人相處，關心他們的身心健康。另外，要避免參加喪事場合。

吉

十一月運勢：本月運勢極佳，各方面不順利的事情，可望有長官或熱心的朋友來幫你排解。你的收入也很不錯，好好努力，有機會能帶來不錯的年終獎金。

凶

十二月運勢：本月運勢不佳，年關將至，許多雜務會讓你很暴躁，常常想找人吵架，尤其跟家人之間的相處，要好好控制脾氣，就能免去許多煩惱。

肖蛇者運勢
（22、34、46、58、70、82歲）

本年整體運勢

屬蛇的朋友今年太陰星入宮，整體而言在感情方面要保守因應，女性朋友因為得到貴人幫助的關係，運勢會比較旺，相對來說，大部分的男性朋友就較為持平，人際、投資方面可能碰到一些狀況，壓力稍微大一點點，要多花點時間去經營、突破。

一九四一年（30年）　辛巳蛇　82歲

心態上可能會比較起伏變動，壓力稍微大些，尤其男性朋友的狀況更是明顯。今年度要留意健康方面的問題，記得平時要多加保養，適時紓壓。

一九五三年（42年）　癸巳蛇　70歲

整體而言是屬蛇裡頭算不錯的，尤以女性朋友的運勢較好，男性朋友行事方面則要保持低調些。在這個退休的年紀，平常顧好自己的身體，跟親人、朋友維持良好的關係，自然能過得健康快樂。

一九六五年（54年）　乙巳蛇　58歲

是所有屬蛇裡頭運勢第二好的，女性朋友因為太陰星入宮的關係，整體的表現還算不錯，但大部分的男性朋友或許就會覺得壓力大了些，尤其是下半年度帶來的問題特別明顯。無論男女都要避免發生人際摩擦，以及衝動型的消費，這點要特別注意。

一九七七年（66年）　丁巳蛇　46歲

今年算是壓力最大的一個年份，要特別留意人際關係，盡量在工作上、與人來往方面，不要產生爭執，尤其男性朋友碰到的狀況特別明顯，可能會比較辛苦些，凡事低調以對，三思而後行。

一九八九年（78年）　己巳蛇　34歲

本年度在屬蛇裡頭算是最好的，男性朋友有不錯的表現，女性朋友則更容易有亮眼的成績，也能夠掌握貴人和有利的機會。但要注意的是行事保持謙遜，不要高調張揚，以避免不必要的摩擦。

二〇〇一年（90年）　辛巳蛇　22歲

今年比較辛苦變動多勞，支出方面也會增加。男性朋友尤其要留意感情的處理，盡量避免產生摩擦。上半年度要注意預防漏財，下半年則要留意人際與金錢方面同時出現問題。建議今年多把心思放在課業或事業上，多努力，依舊有機會看到成績。

每月運勢

凶 **一月運勢：**本月運勢不佳，容易有剛愎自用的情形發生，不聽別人言，反而招來損失。新春期間，注意控制自己的情緒，凡事多聽多看，不要一意孤行。

平 **二月運勢：**本月運勢平吉，擺脫上個月的不順遂，你能明顯得感覺到，事情變得比較順利一點，心情也較為開朗，可趁機好好放鬆一下。

平 **三月運勢：**本月運勢平平，女性朋友可望桃花朵朵開，但要慎選對象，切勿腳踏多條船。男性朋友在人際關係方面，還需要多努力經營。

平 **四月運勢：**本月運勢平平，沒有大起大落的日子，趨吉避凶的最佳方法，就是按部就班，女性朋友可望因男性友人的幫助而獲利，男性朋友則要小心爛桃花。

平 **五月運勢：**本月運勢吉帶凶，工作壓力不小，還要提防小人暗害。還好貴人運也不錯，凡事能逢凶化吉。外出交通多小心，避免血光之災。

平 **六月運勢：**本月運勢吉帶凶，工作上會感受到長官的壓力，凡事要多點耐心跟小心。不過因為貴人運依然很強，可以適度放鬆，以免壓力造成健康問題。

平 **七月運勢：**本月運勢吉帶凶，貴人跟財運都很強勢，各方面你會有好表現，但同時也要小心小人環伺，任何事情都不要太強勢，避免爭執，就會暢旺。

吉 **八月運勢：**本月運勢極佳。你可能會突然間身價水漲船高起來，走到哪裡都受人矚目，感情運很不錯讓你春風得意。金錢跟事業也都能有很好的發展。

平 **九月運勢：**本月運勢平平，讓你有機會可以重新檢視人際關係。不論是工作或感情上，如果先前有誤會的部分，也可望能夠冰釋。

凶 **十月運勢：**本月運勢不佳，很可能因為一時控制不住情緒，與人爭吵而導致事情破局。女性朋友因為貴人運強，可以降低傷害，男性朋友就要好好控制情緒。

平 **十一月運勢：**本月運勢平平，女性朋友因為貴人的幫忙，凡事有不錯的進展。男性朋友可以藉此機會多跟朋友、同儕聚會，提升人際關係。

吉 **十二月運勢：**本月運勢佳，趁著好運勢，把想做的提案或者投資理財的計畫，大膽提出來，會有貴人來幫助你實現，也為這一年留一個美好的結尾。

肖馬者運勢（21、33、45、57、69、81歲）

本年整體運勢

運勢非常好，尤其是會有不錯的貴人運，帶來機會和財運，尤其是下半年度更是明顯，但要注意的是，今年度五鬼星入宮，周遭可能會出現一些小人，甚至是與貴人同時出現，讓人不容易分辨。因此，凡事謹言慎行，好好處理接收到的資訊，慎防小人或小道消息的誤導，避免做出錯誤決定，才能減低不好的影響。

一九四二年（31年）　壬午馬　81歲

運勢算是持平的狀態，健康的問題也不大，但周遭可能偶有小人流言蜚語，企圖影響你的心情，產生無謂紛爭。建議保持平常心面對外在環境，毋須特別在意，過好自己的生活即可。

一九五四年（43年）　甲午馬　69歲

整體來說非常不錯，貴人運旺，也有機會因此帶來好的人脈。雖然難免外頭有些人會說三道四的，但只要掌握好自己的步調，不要因為一些無意義的閒言閒語而導致情緒不快，自然就會運勢順暢。

一九六六年（55年）　丙午馬　57歲

今年要留意心臟和呼吸系統的問題，事業方面的發展則還不錯，但因為貴人與小人同時出現的關係，必須留意人際關係的細節，或者是在面對問題時要小心處理。平時為人低調，看待事物學習保持開放的心，降低情緒起伏，進入下半年後運勢就會自然逐漸提升。

一九七八年（67年）　戊午馬　45歲

是屬馬裡頭狀況運勢最旺，不管是上半年或下半年都很不錯，尤其貴人運方面更是加分，雖然偶而夾雜著小人出現，但是只要細心面對，不要輕易受到影響，事業方面的表現就會好。

一九九〇年（79年）　庚午馬　33歲

是屬於比較勞苦奔波的狀態，也容易衝動消費，整體而言，上半年度比較容易出現漏財，不適合從事投資。今年有貴人運，但要留意小人也不少。常言道「魔鬼藏在細節中」，如果不謹慎預防小人，恐怕多走冤枉路，導致產生事倍功半的狀況。

二〇〇二年（91年）　壬午馬　21歲

整體表現非常的不錯，正值活力十足的年紀，各方面都會想要衝刺，發展的可能也多，但要謹慎分辨貴人與小人，把握好機會，努力踏實，細心處理，這樣在學業上或是工作上自然有好的回收。

每月運勢

吉 **一月運勢：**本月運勢佳，貴人運跟財運都很不錯，可以趁著農曆正月十五日前，到廟裡祭五鬼。將能避免凶星帶來的壞運，逢凶化吉。

凶 **二月運勢：**本月運勢不佳，你愛逞口舌之快，好辯，讓人難以親近，這樣對你的人際關係可是會造成阻礙的喔。另外，外出時也要小心交通，避免意外發生。

平 **三月運勢：**本月運勢平平，適合運用這段較為輕鬆的時間來學習、進修，不過，因為五鬼的影響，接收到的資訊都要仔細過濾，以免受騙上當。

吉 **四月運勢：**本月運勢佳，財運提升，資金變得充裕，讓你的心情也跟著好轉起來。貴人運也很不錯，生活的滿意度大大提升，工作方面也有不錯的斬獲。

凶 **五月運勢：**本月運勢不佳，容易變得固執，受小人搬弄，而心情非常鬱悶，忍不住想找人吵架。建議你不要輕易聽信他人言，避免不必要的口角爭執。

吉 **六月運勢：**本月運勢極佳，貴人運和財運都達到年度高峰，凡事都能有貴人相助，投資上也可能有不錯的回饋。不過還是要記得小心過濾訊息，謹慎判斷。

凶 **七月運勢：**本月運勢不佳，可能有小人環伺的情形，大家都想要抓住你的小辮子，壓力不小。平時要注意人際關係的經營，保持謙虛的態度，自然逢凶化吉。

平 **八月運勢：**本月運勢吉中帶凶，貴人運有所提升，讓你能喘口氣。但工作上的壓力還是不小，努力工作之餘，也要多留意自己的健康狀態。

吉 **九月運勢：**本月運勢佳，凡事能依照你所期望的方向來進行，日子過得尚稱愉快。只要按部就班，小心過濾訊息，就能有很不錯的發展。

平 **十月運勢：**本月運勢平平，雖然下半年度的財運跟貴人運都很不錯，但仍然要避免胡亂聽信他人說法而輕易投資，以避免破財，千萬小心。

凶 **十一月運勢：**本月運勢不佳，你有可能輕易聽信他人說法，而跟夥伴、家人之間想法不合，引發衝突。凡事要三思而後行，以免傷了和氣又損財。

凶 **十二月運勢：**本月運勢不佳，尤其財運方面有破財的可能，準備年節各種事物上避免衝動消費。切勿隨意聽信市場消息，而衝動投資，才能守住自己的荷包。

肖羊者運勢（20、32、44、56、68、80歲）

本年整體運勢

屬羊的朋友今年死符星入宮，上半年影響尤其大，特別是呼吸系統、心臟方面的問題可能浮現。事業方面，相對於去年，今年的運勢有所好轉，機會也增多，但在衝刺之餘要留意有關健康的問題，所謂「錢要賺，身體也要顧」，千萬不要因為一頭栽進工作而不知道適時停下腳步休息。

一九四三年（32年）　癸未羊　80歲

運勢看起來蠻不錯的，不過因為今年有顆影響健康的星入宮，所以要注意自己的身體，有狀況要積極處理，平時適度活動，注意保養，心情保持平衡愉快，就不會有太大問題。

一九五五年（44年）　乙未羊　68歲

今年度的表現還算是蠻不錯的，雖然有凶星的影響，但就整體而言，運勢、貴人等都算不錯，只要留意健康的問題，建議平時多運動、保養，注重飲食，有空時外出走走，設法維持好的狀態即可。

一九六七年（56年）　丁未羊　56歲

今年度要留意，特別是上半年，如果有健康方面的一些疑慮，可以安排相關的檢查，經由貴人運的加持，也許會發現問題或是得到改善。進入下半年就會呈現比較平穩的狀態。事業方面，上半年不要太積極投入，以免因急躁而導致工作、身體的各種問題，待下半年回穩後會因貴人的幫忙而逐漸有發展。

一九七九年（68年）　己未羊　44歲

是屬羊裡頭運勢最旺的，整體壓力相對於去年也減輕許多，在許多方面都會有好的展現。不過要注意的是健康方面要的問題，工作之餘要懂得休養生息，這樣才能走得更長遠。

一九九一年（80年）　辛未羊　32歲

整體來說算是比較辛苦，是個奔波多勞，也容易有財損的年份。要注意今年不適合未經評估的衝動消費或投資，尤其是大型的投資案。再來就是奔波勞累的關係，身體健康方面也會受到影響，這兩個部分要多加留意。

二〇〇三年（92年）　癸未羊　20歲

整體表現蠻不錯的，有活力又積極努力。不管是在求學階段或是就業中，只要保持好的心態，步調穩健不衝動，雖然短時間可能沒辦法取得太大的成果，但只要打好基礎，對未來還是很有幫助。

每月運勢

平 **一月運勢：**本月運勢平平，趁著一年之初好好規劃事業發展，另一方面也要多運動，累積自己的健康資本。多留心自己的健康狀態是今年最重要的課題。

吉 **二月運勢：**本月運勢佳，凡事都有貴人相助，財運上也明顯有所提升，如果能多幫忙身邊的人，還能為自己帶來更多好運喔。

平 **三月運勢：**本月運勢平平，生活比較安靜穩定，可以多花心思關注自己的健康問題，如有小毛病就要好好處理，不要輕忽，安排一次體檢也很不錯。

吉 **四月運勢：**本月運勢佳，工作或生活上有很多人在中幫助你，你的想法或者規劃也容易受到賞識，心情愉快。不過，努力工作也要記得適時休息。

吉 **五月運勢：**本月運勢極佳，工作上遇勢如破竹，貴人運極佳。財運也很好，過去的投資可望有不錯的回饋。可以把握機會好好努力。

平 **六月運勢：**本月運勢吉帶凶，工作上壓力滿大，還好貴人運還不錯，緊要關頭都能幫你一把。只是壓力帶來的健康問題不能輕忽，記得要找方法紓壓。

凶 **七月運勢：**本月運勢不佳，健康是本月的主題，不要輕忽身體的小問題，飲食上也要多注意，盡量減少熬夜與夜生活。

凶 **八月運勢：**本月運勢不佳，來自長輩與上司的壓力不小，記得要小心應對。壓力爆表的時候更要好好的放鬆，可以適時運動，既能紓壓又能保持身體健康。

凶 **九月運勢：**本月運勢不佳，情緒上較不穩定，脾氣也會比較火爆的月份，要特別小心血光意外，外出行車要小心，身體若有不適也要盡早就醫，不可輕忽。

吉 **十月運勢：**本月運勢佳，一掃前幾個月的陰霾，你終於能鬆一口氣，貴人運跟財運都很不錯，可以趁機放鬆，好好享受生活、休養生息，為健康打底。

凶 **十一月運勢：**運勢不佳，感情上如有狀況要好好處理，多花心思經營。理財方面因為財運不佳，盡量避免在這個月份進行大型投資，謹慎為宜。

凶 **十二月運勢：**本月運勢不佳，容易與看不順眼的人起衝突，或在言語上有一些不禮貌的行為，要好好控制自己的情緒，以免惹禍上身。

肖猴者運勢（19、31、43、55、67、79歲）

本年整體運勢

屬猴的朋友適逢歲破，對運勢影響較大，除了要提防衝突、血光、意外，凡事不宜作太大的變動，要小心注意，眼觀四面、耳聽八方，不要過於急躁、激進，想馬上看到什麼成果。除了建議正月十五前到廟裡安太歲，最重要就是今年不管做任何事，都要保持冷靜、低調，避免暴衝。

一九四四年（33年）　甲申猴　79歲

整體運勢算是還不錯的，雖然逢歲破，但沒有太劇烈的起伏變化，也能掌握局面，只要身體方面注意一下，平常適當運動，外出交通、行走方面多留意，自然就能夠諸事大吉。

一九五六年（45年）　丙申猴　67歲

是屬猴裡頭最受到歲破影響的，身心方面都會覺得壓力比較大，發展方面似乎有點受到限制，很難突破，有點綁手綁腳的。除了正月十五前到廟裡安太歲，其實平常只要保持平常心面對事情，不急躁，管好脾氣，一切會比較平順。

一九六八年（57年）　戊申猴　55歲

是這個年度裡屬猴表現最好的，雖然可能偶而跟別人的想法觀念會有出入和摩擦，但整體看來還是會有非常亮眼的成績，人際、財運等方面比較旺，也能把握機會，讓事業有所進展。如果能到廟裡頭安太歲，點光明燈，強化運勢，表現會更好。

一九八〇年（69年）　庚申猴　43歲

今年比較辛苦、多勞、不穩定，看不到什麼成果，也容易出現一些漏財的情況，因此不太適合投資，尤其是大型的投資，也要在金錢支出上保守以對，預防衝動消費。總的來說，冷靜面對處理事務，就是今年的最高原則，這樣一切就自然會平順。

一九九二年（81年）　壬申猴　31歲

今年是還算平順的一年，整體來說只要冷靜面對，多聽、多看，不要急躁，或是太劇烈的改變，凡事多加小心注意，都能夠保持成果。可以的話，到廟裡頭安太歲，點光明燈，設法提升自身運勢。

二〇〇四年（93年）　甲申猴　19歲

今年整體運勢還蠻不錯的，不過因為歲破的關係，平常與人相處要保持低調，避免發生衝突摩擦，出入交通等方面多留意，避免急躁，安全第一，這樣自然就沒有什麼太大的問題。

每月運勢

凶 **一月運勢：**本月運勢不佳，容易因為小事就跟人吵架。今年犯歲破，凡事一定要退一步，不要太衝了。農曆正月十五前請至廟宇點燈祈福，以保一年安康。

平 **二月運勢：**本月生活平平，生活節奏規律平靜，能以冷靜的心情來面對事情。外出多注意交通安全，凡事不要躁進，日子平順就是福。

吉 **三月運勢：**本月運勢佳，貴人運很強，財運也會有不錯的進帳，但投資、花用仍要好好規劃，做事只要在穩定中求進步即可，不要太過高調。

凶 **四月運勢：**本月運勢不佳，你的耐性總是很快就用完，做事衝動，無法與人溝通。切記凡事要三思，否則很容易因為錯誤判斷，讓自己蒙受損失。

凶 **五月運勢：**本月運勢不佳，要特別提防小人的影響，行事不要躁進，沒有深思熟慮的結果，恐怕會替自己招來災禍。多加小心，避免血光之災或者破財。

平 **六月運勢：**本月運勢吉帶凶，做事方面壓力不小，雖然有貴人幫忙，但生活中各方面都要小心，以防血光之災。感覺壓力很大的時候，多找方法紓壓。

凶 **七月運勢：**本月運勢平平，有稍稍回升的跡象，你也可以稍微喘口氣。好好重新調整自己的生活與工作的節奏，有機會多多及時行善。

平 **八月運勢：**本月份吉帶凶，貴人運很不錯，財運方面也有所提升。但因為仍有不良的能量影響，開車、外出都要多加留意，以防交通事故。

吉 **九月運勢：**本月運勢佳，貴人運更強，手上的事情推動起來順利多了，關鍵時刻總有人出手相助。金錢運也很不錯，可以好好把握。

凶 **十月運勢：**本月運勢不佳，做事方面容易會遭受阻礙，記得要耐心以對。感情方面，情人之間容易多有口角，要小心處理，以免感情失和。

吉 **十一月運勢：**本月運勢佳，財運很旺，想推動的事情，關鍵時刻總有人挺身為你說話。正面能量增強，可以把握機會，趁著年底好好衝刺。

平 **十二月運勢：**本月運勢平順，雖沒有上個月精彩，但正好可以休養生息，和家人一起採辦年貨，準備過個好年。外出時，仍要多留意安全問題。

肖雞者運勢
（18、30、42、54、66、78歲）

本年整體運勢

龍德星在今年入宮，因為貴人特別強的關係，整體運勢非常旺，也容易有好的發展機會，雖然整體外在環境可能會有壓力，不過相對來說，這個年份的表現算是相當不錯的。記得只要處理好人際關係，不要過於劇烈的變動，按部就班，穩紮穩打，就會有好的成果。

一九四五年（34年）　乙酉雞　78歲

今年吉星降臨，整體運勢還不錯，上半年度可能稍微壓力大一點，但總的來說，只要站穩腳步，行事不要莽莽撞撞，就沒有太大的問題。

一九五七年（46年）　丁酉雞　66歲

相較於其他人，今年可能是壓力比較大的年份，這包含大環境、個人周遭等帶來的影響，雖然會比較辛苦，但會有貴人的幫忙，只要保持正向，平常心面對問題，將能得到正面的成果。另外要特別注意，本年度年不適合做投資，建議保守一些，這點務必謹記。

一九六九年（58年）　己酉雞　54歲

在屬雞裡頭運勢算是最好的，整體表現非常不錯，人際關係方面也有好的發展。不過因為外在環境的關係，今年並不適合做太大的投資，也不要做太大的變動。其他方面稍微留意一下，就可平安順利。

一九八一年（70年）　辛酉雞　42歲

是個比較辛苦、變動、奔波的年份，雖人有貴人的幫助，但大環境上可能會給你一些影響，所以盡量在今年避免從事大型投資，或者像是突然換工作等這類較劇烈的變動，行事保守以對，這方面注意一下的話，整體而言會更好。

一九九三年（82年）　癸酉雞　30歲

看起來運勢蠻好的，算是穩定成長的狀態，身邊的貴人也多，讓你在做事方面會覺得比較順心，也能夠有相當的回饋，不妨利用這一年好好努力。

二〇〇五年（94年）　乙酉雞　18歲

正值學習的年紀，可以好好在課業方面努力，除此之外，今年在拓展人際關係方面的成果也很不錯，可以認識一些好朋友。不過記得要保持身心穩定，適當排解壓力，切勿橫衝直撞，避免造成不必要的問題。

每月運勢

平

一月運勢：本月運勢平平，但因為年度吉星高照，讓你整體運勢還是很強勢，可以把握一年的開始，不管是做計劃或者學習，都是很好的時機。

凶

二月運勢：本月運勢不佳，可能會招惹一些是非，也容易犯小人，容易與人爭執。做事上你要盡可能低調，避免衝突，再加上吉星的助運，就能平安度過。

吉

三月運勢：本月運勢佳，事情的推動能感到順利、順手，貴人運很強，不管遇到什麼問題，都會有人出面來幫你解決，值得趁機好好努力。

吉

四月運勢：本月運勢極佳，運勢都大幅提升，年度與月運的助力之下，財運也很不錯，事業可望有極大的斬獲，能占得有利先機，揚眉吐氣，好好把握。

凶

五月運勢：本月的運勢不佳，不過因為有年度吉星高照，工作或生活上都還是能充滿正向能量，工作上要多加努，提防小人，外出留意，避免血光之災。

平

六月運勢：本月運勢吉帶凶，做事明顯感到壓力，不過只要按部就班，就能做出好成績。另外要特別注意的是健康問題，有不舒服就要認真面對。

平 **七月運勢：**本月吉帶凶，工作量可能會很大，做事上面也會有一些阻力，但因為貴人運不錯，凡事能逢凶化吉，只要能踏實前進，就能有所收穫。

凶 **八月運勢：**本月運勢不佳，你會一些想法會很執著，但卻有一種做到死也沒有人會感謝的狀況發生。記得凡事多聽別人意見，好好溝通才能順利。

凶 **九月運勢：**本月運勢不佳，有破財的可能，投資理財方面要特別注意，開銷也要好好控制。幸好暗中有貴人相助，可望將損失降到最低。

平 **十月運勢：**本月運勢平平，心情上比較穩定、開心，可以好好享受平靜的生活，可以多為自己安排外出旅遊、運動或學習方面的活動。

凶 **十一月運勢：**本月運勢不佳，整體氣氛變得比較緊繃，爭執、口角等一觸即發的狀況頻頻出現。不過因為有吉星高照，凡事只要忍耐低調就能化解。

吉 **十二月運勢：**本月運勢極佳，來到歲末年終，在好運勢的籠罩之下，心情愉悅，工作順利，趁此機會好好衝刺，為今年畫下一個美好句點，將好運延續下去。

肖狗者運勢

（17、29、41、53、65、77歲）

本年整體運勢

本年度白虎星入宮，做什麼事情都要保持不急躁、不莽撞，無論是騎車開車，或在工作場合方面、參加運動、活動等，都要眼觀四面、耳聽八方，避免發生受傷、血光。民間認為可以在農曆正月十五前到廟裡制白虎、點光明燈，盡量讓諸事順利。還好，今年同時也有吉星降臨，所以在財運、貴人運方面算是不錯，切記行事保持穩健，自然能逢凶化吉。

一九四六年（35年）　丙戌狗　77歲

今年要特別注意，無論是出入、行走、運動等，都要守護好自己，小心跌倒或受傷。做事勿急躁，身心方面則保持積極樂觀，記得正月十五前到廟裡制白虎、點光明燈，避免突發狀況，讓一切平安。

一九五八年（47年）　戊戌狗　65歲

運勢在屬狗裡頭算是好的，雖然可能因為大環境的緣故，不能像過去一樣到處跑來跑去，但貴人運看起來還不錯，人際方面也稍有進展。將屆退休的年紀，一切能夠平安就是福。

一九七〇年（59年）　庚戌狗　53歲

會覺得比較辛苦，壓力大些，心情容易浮動，所以穩定情緒是很重要的課題。今年也不適合做投資，尤其是大型的投資案，以避免發生金錢有去無回的狀況。交通方面不管騎車、開車，都要稍微留意。凡事懂得趨吉避凶，再加上貴人的幫助，仍然有好成績展現。

一九八二年（71年）　壬戌狗　41歲

運勢相對持平，沒有太大的變化。有不錯的貴人運，能夠拓展人際關係，做事方面會帶給你助力，算是穩健中求成長的一年。做事注意細節，減低不好的影響，這樣各方面就會比較順利。

一九九四年（83年）　甲戌狗　29歲

整體運勢蠻不錯的，許多方面都有不錯的表現，機會也比較多。如果本身懂得努力，再加上貴人的幫助，自然會有亮眼的成果，受到注目跟賞識。做事、外出走動時稍微細心留意，不要急躁，以減少不必要的問題產生。

二〇〇六年（95年）　丙戌狗　17歲

因為大環境的影響，會覺得受到比較大的壓力，沒辦法好好抒發，因此保持心情上的穩定很重要。不管做事情、運動、遊玩，都不要太急躁，以減少受傷的機會。建議在正月十五前到廟裡制白虎、點光明燈，讓諸事順利些。

每月運勢

吉 **一月運勢：**本月運勢佳，但因受到白虎星的影響，外出要注意交通，凡事多小心，記得在農曆正月十五到廟裡去制白虎，以化解凶星帶來的不好運勢。

吉 **二月運勢：**本月運勢佳，貴人運強，不管做什麼都很順利，財運也很不錯，各方面都有不錯的發展，但仍要記得安全第一，凡事不要躁進，以保平安。

凶 **三月運勢：**本月運勢不佳，要特別注意人際互動，可能會有遭受朋友扯後腿，或與情人意見不合，產生爭端的情形。凡事三思，理性面對，可降低損害。

平 **四月運勢：**本月運勢平平，可以趁機多休養生息，好好訓練自己的心靈。另外也可以多安排學習的活動，提升自己的實力。

吉 **五月運勢：**本月運勢佳，工作、感情、財運各方面都有貴人相助，有不錯的發展。有時間可以多與朋友聚會，也許能打聽到不錯的好機會。

凶 **六月運勢：**本月運勢不佳，容易控制不住情緒就與人起爭執，心情經常低落，充滿挫折與孤獨感。凡事不要想太多，記得退一步就能避免許多損失。

吉

七月運勢：本月運勢佳，可以趁著不錯的貴人運，將想要推行的事項一鼓作氣的完成，有機會獲得很不錯的收穫。也要記得多行善事，為自己積累福德。

吉

八月運勢：本月運勢佳，貴人運依然很強，不過要特別注意感情問題，容易有桃色糾紛。另外也要注意錢財方面的問題，好好看緊自己的荷包。

平

九月運勢：本月運勢平平，整體而言也比較穩定，你能重新審視各方面的規劃，有不足的地方好好充電。外出行事多小心，運動也不要過度，以免血光意外。

平

十月運勢：本月運勢平平，心情穩定的月份，只要穩定踏實的做事即可。各方面還是要謙虛為懷，廣結善緣喔，就能提高自己的運勢。

平

十一月運勢：本月運勢平穩，可以為自己在歲末年終做個總體檢，年關將至，也可以多花點時間跟家人相處，好好培養感情。小心交通，就沒有太大問題。

凶

十二月運勢：本月運勢不佳，你容易脾氣火爆，待人處事也會因急躁而忘記禮貌。要多留意自己的脾氣，以免無意間破壞了潛在的好人脈，得不償失。

肖豬者運勢

（16、28、40、52、64、76歲）

本年整體運勢

今年整體運勢不錯，福德星進到命宮，在事業、工作、財運上有很多好的機會，也容易有貴人輔助，讓做事更加順利。雖然說看起來比較順遂，但心態上要謙卑，行事方面還是要懂得穩健、低調，多行善，勿因為一點小事就與人爭執，要以和為貴。這些細節多留意，才會有好的成果。

一九四七年（36年）　丁亥豬　76歲

今年的運勢看起來沒有什麼太大的起伏與變化，平常行事或與人相處不要患得患失，一下亢奮一下低落，只要心情保持穩定，應該就沒有什麼問題。

一九五九年（48年）　己亥豬　64歲

整體運勢還不錯，也有成績展現，但投資理財方面要注意一下，不要盲目衝動行事，要審慎評估，以免導致金錢方面的損失。另外就是如果碰到不同的意見與批評，不妨靜下心來聆聽，減少爭執，讓事情圓滿順利。

一九七一年（60年）　辛亥豬　52歲

整體的表現上算是不錯，但在理財方面要稍微注意，第一是盡量不要投資，或是要謹慎評估後再做決定，以免損失，第二個是要克制衝動型的花費。人際方面也可能稍有爭執的情形，如果可以的話多耐住性子，行事更細緻穩健些，相信對你的發展會更好。

一九八三年（72年）　癸亥豬　40歲

整體來說屬於平穩中求進步的狀況，也許會有一些外在的壓力，但建議凡事多聽他人意見，不要急於批評和反駁，避免產生摩擦做，事情自然會更圓滿圓融，也讓你的貴人浮現。

一九九五年（84年）　乙亥豬　28歲

整體的運勢非常的不錯，會有很多好的機會和發展。今年主要的課題就是要提升穩定性，行事不要毛躁，避免與他人產生摩擦，進而影響到人際關係。所謂和氣生財，只要處理好人際問題，對事業拓展就有更大的加分。

二〇〇七年（96年）　丁亥豬　16歲

今年度看起來因為環境的影響，壓力可能會比較大一點點，在課業、學習方面來說似乎有點不容易突飛猛進。其實只要在心態上做一些調整，凡事不要過於急躁，再加上今年有貴人的幫忙，持之以恆還是會有一定的進步。

每月運勢

（平）**一月運勢：**本月吉帶凶。你可能會有堅持己見，固執的狀況發生。還好貴人運很強勢、財運也不錯，再加上吉星高照，能將凶星的影響降到最低。

（吉）**二月運勢：**本月運勢佳，再加上今年的貴人運非常好，作什麼事情都會有人暗中幫助你，金錢運方面也有很不錯的表現，好好把握，會有不錯的發展。

（平）**三月運勢：**本月運勢平平，事事平順，凡事只要保持謙虛的態度，不與人起衝突，做事情不要虎頭蛇尾，在年度吉星的輔助下，就能穩定的進步。

（凶）**四月運勢：**本月運勢不佳，個性會變得比較衝，不服輸，容易招惹爭端，尤其跟合作夥伴的相處，隨時記得退一步海闊天空，以避免無謂的損失。

（平）**五月運勢：**本月運勢吉帶凶，容易招惹到小人，一些煩心的事情會影響你的健康。凡事多加小心，平常有機會多助人，在關鍵的時刻自然有貴人出手協助。

（吉）**六月運勢：**本月運勢佳，各方面都很順遂，財運也更上一層樓。但不要得意忘形，打亂腳步，謙遜的態度才能維持不墜的好運勢。

凶

七月運勢：本月運勢不佳，可能有金錢方面會有損財的情況發生。投資理財要多方考量，外出時財物小心，以免荷包失血。感情問題也要好好面對、處理。

平

八月運勢：本月運勢吉帶凶，還好年度吉星的幫忙，不會有太大的問題。工作各方面會明顯感到有壓力，記得適時的舒壓、謹慎應對，就能安然度過。

平

九月運勢：本月運勢平平，不管心情或者做事上面，整體運勢比較平緩，壓力也明顯降低。可以趁此機會調整腳步，有機會也別忘了行善積德喔。

凶

十月運勢：本月運勢不佳，有一些事情會讓你心煩，進而與別人有口舌爭吵，要小心控制自己的情緒。外出行車也要留意，以避開血光之災。

吉

十一月運勢：本月運勢佳，貴人運特別強，不管做什麼都有人會來幫忙，讓事情順利推動，讓你心情非常愉快，先前的投資理財，此時可能也會有不錯的回饋。

吉

十二月運勢：本月運勢佳，各方面都有貴人來幫忙，壓力獲得紓解，心情輕鬆愉快，年關將近，有機會因為貴人的幫忙，而獲得不錯的收益。

二

開運農民曆

如何看懂農民曆

「農民曆」是台灣民間流通最普及的曆書，過去人們依照農民曆的時序原則進行農事，也以農民曆中的「行事宜忌」、「每日吉凶」作為日常行事的準則。

農民曆的由來已久，早期為了配合農業社會的行事，中國歷代都會由官方根據觀測天文運行的結果，統一頒訂曆法，作為農事作息的主要依據，稱做「官曆」。而各朝的曆法編制有所不同，現今使用的陰曆最早可以追溯到夏朝時期，經過了不同朝代天文官員的修訂後，才成了現今我們所使用的陰曆。

民國之後頒行陽曆，現今台灣所行的曆法每年由中央氣象局統一頒布，由於民間仍然根據陰曆行事，所以中央氣象局所編的日曆資料表是採取新舊曆對照的方式。而現今流通的農民曆，也是陽曆與陰曆並立，是陰陽合曆的形式。

以配合農事而訂立的農民曆，到了今日由於機具與栽種技術的進步，作為農事依據的功能已不再那麼重要了。但是其中的每日吉凶、行事忌宜等傳統風水命理的內容，仍然是人們行事的重要依據。現今的農民曆經常結合了民俗、傳統知識與曆法，是每個家庭必備的生活小百科。

農民曆是古代制訂來讓農民在農耕時有所依循的曆法，所以稱之為農曆。漸漸演變到後來，又加上了傳統陰陽五行、天干地支、易經等等的思想，幾千年來已經成為人們日常行事的重要依據了。不過，也就因為融入了許多命理上的專業知識，讓現在的農民曆看起來十分的艱深難懂，因此要瞭解農民曆，就要先了解每個欄位代表的意義，接著就能輕鬆使用農民曆了。

農民曆「每日宜忌」各欄說明

西曆年份 國曆月份	國曆日期	節氣
	星期	
	節日 佛神誕辰 吉凶神 附註	
農曆月份 甲子 月令 月煞方 —— 占十二月節候豐稔歌	農曆日期	交節氣時間
	干支	
	五行	
	十二值位	
	宜忌	
	宜忌事項 節前：指逢節氣時，指節氣時間之前的宜忌 節後：指逢節氣時，指節氣時間之後的宜忌	節氣說明
每日胎神占方	每日胎神占方	
每日沖煞年齡	每日沖煞年齡	

農民曆「每日宜忌」實例

二〇二三年 國曆二月小	19	雨水
	星期六	
農曆一月 壬寅 端月 煞北方 —— 立春最喜晴一日，元旦景雲光齊天 雨水連綿是豐年，農夫不用力耕田	十九	子時 00時43分
	癸卯	
	金	
	除	
	宜	
	宜出行、解除、立券、交易、破土、啟攢、入宅	斗指壬為雨水，時東風解凍，冰雪皆散而為水，化而為雨，故名雨水。 節氣諺語：雨水，海水卡冷鬼。 雨水時節雖已入春，但溫度仍低，海水摸起來還是非常冷冽。
每日胎神占方	房床門 房內南	
每日沖煞年齡	沖雞 6歲 煞西	

各欄位所代表的意義解釋

❖干支：

「**天干地支**」是自商朝開始即有的記年、記日方式，以「十天干」（甲乙丙丁戊己庚辛壬癸）與「**十二地支**」（子丑寅卯辰巳午未申酉戌亥）相配，每六十年為一個循環。

❖五行：

「**五行**」指「**金木水火土**」，傳統命理認為宇宙中的萬物都可以被區分為這五個屬性。農民曆中所表示的五行，背後代表的其實是較為複雜的「**六十甲子納音**」，各種天干地支的組合代表了各種屬性的「**五行**」，對論命者而言具有參考作用，但對一般人而言用途則不大。

❖十二值位：

代表的是十二個「吉凶神」（**一建**、**二除**、**三滿**、**四平**、**五定**、**六執**、**七破**、**八危**、**九成**、**十收**、**十一開**、**十二閉**），每日的值神不同，適合做跟不適合做的事情也不同。

❖用事批註宜忌：

這欄裡面，主要是根據**干支日**、**五行**、**十二值位**，再加上其他比較複雜的命理概念，歸納出來在這一天裡面可以做的事情跟不宜做的事情，整體標註出來，這是目前人們從事重要活動時最方便參照的資料，是最實用的欄位。

❖**胎神占方：**

指每日**胎神**所在的地方。在民間信仰中，**胎神**是掌管胎兒生長的神明。每日胎神所在的位置都不相同，原則上多在屋子裡外，孕婦活動的範圍內。民間認為每日胎神所在的地方，所有的人都不可冒犯，否則會影響胎兒的生長，嚴重時甚至會造成流產。

❖**沖煞生肖、年齡、方位：**

指每天會沖犯到的生肖、年齡與方位。被沖煞到的人最好不要出現在任何重要的場合，像是嫁娶、出殯等，不僅本身可能會遭到無妄之災，也可能讓正在進行的事情，沒有辦法順利舉行。「**煞方**」則指當日凶神所在的地方，不管今天要做什麼事，都要盡量避免往該方向活動，以免沾染不好的氣場，影響事情的順利進行。

❖**每日財喜方位：**

指每日**財神**跟**喜神**所在的方位，如果想要沾喜氣或是獲得財運，可以在每日出門時先往財喜方位走，比較容易獲得好運道。詳細用法請參照本書**擇日擇時**單元。

❖**每日吉凶時：**

這是指這一天裡面由**吉神**所掌管的時間。在傳統的命理觀念中，好日子裡也有**吉時**與**凶時**的區分，若希望事情能進行順利，除了挑選好日子，最好也要選在吉時來進行。

重要名詞解釋

農民曆自古以來就是人們用來參照**日常行事**、**斷定吉凶**的重要根據。農民曆的編著由來已久，加上後世不斷的增補，因此在**用事名詞**上面也出現許多不同的版本。

目前流傳下來的農民曆，主要都是根據舊時社會的環境與情況所寫，不管是哪一個版本，裡頭使用的部分名詞，與我們今日所慣用之用語大不相同（**例如「經絡」代表「織布」**、**「鼓鑄」代表「冶煉金屬」**）。大多數的人看不懂這些名詞所代表的事件，使用農民曆時就會遭遇困難。

為了讓讀者瞭解農民曆之用語，底下將根據**清朝**時期曾由朝廷統一列舉的「**通書六十事**」，進行每個用語的解說，並且根據性質加以分類，加上現代行事的附註，方便瞭解與使用。

本書對農民曆用語的篩選

農民曆上面所列舉的行事對古人而言，都是需要慎重處理，甚至在舉行前要進行儀式的事情。但就目前社會發展來看，有許多已經是**不合時宜**。因此底下雖然針對大部分的用語做解釋，但在本書的「用事宜忌」中，**將僅列舉在現代社會中仍須擇吉進行的重要事項，以方便讀者使用。**

❖祭祀類

祭祀：祭祀祖先（或好兄弟），或祭拜神明等儀式。這裡的祭祀指的是節日或例祭之外的祭祀活動，例如建醮、大船下水等等祭祀活動，或擺放制煞物品也可以選擇宜祭祀的日子。

祈福：祈求神明保佑平安或者許願還願的事宜。

求嗣：向神明祈求子嗣的祭拜儀式。

冠帶：這是指傳統上年輕男女的成年儀式。

❖政事類

上冊受封：接受皇帝的賞賜。

上表章：古代臣子將奏章上呈君主。

襲爵受封：中國古代是封建社會，早在西周時期就有爵位的分封，雖然之後各朝代的規制不同，但一般來說，爵位都是由長子繼承原有的爵位，而其他的孩子則分封為低三階的爵位。此處的襲爵受封，就是指嫡長子繼承爵位與其他子嗣受封爵位的受封儀式。

祈福。

上官赴任：新官上任，就職典禮。

臨政親民：皇帝或官員聽取政事、下鄉視察。

❖日常行事類

會親友：探訪友人、親戚，或者聚會。

入學：拜師學藝、求取手藝。

進人口：收養子女或聘納員工等。

出行：指遠行、出國觀光及旅行等。

移徙：搬家，遷移住所。

遠迴：指長距離的往返，例如歸寧。

解除：進行解災厄、除穢的儀式，或者將制煞物品由懸掛擺放處取下。

安床：包括安新床與安舊床。

安新床：像是結婚或者新屋在入宅時，都要選擇時辰安置床鋪。

安舊床：是指可能因運勢不佳想改換方位，而重新安放床鋪的事宜。

沐浴：清洗身體，特指為重要事件而齋戒沐浴。例如主持重要儀式，或是跟隨神明遶境。

剃頭：初生嬰兒剃除胎毛，或削髮為尼。

整手足甲：初生嬰兒首次剪手足甲。

求醫療病：看醫生、治病，或者開刀。

療目：治療眼睛的疾病。

針刺：針灸之類的醫療行為。

乘船渡水：搭船過河、過江、遊湖等等。

安床。

❖婚姻類

結婚姻：議定婚事，兩家人締結婚姻之事。

納采問名：指受授聘金，俗稱完聘。

嫁娶：指舉行結婚迎親儀式的吉日。

裁衣：分為兩種，一為裁製新娘禮服，另一個是為病重的老人做壽衣。

❖建築類

築堤防：修建河堤邊的護欄或防水的堤防。

修造動土：房屋整修、內部裝潢等。

動土：指興建陽宅之第一次動工挖土（陰宅為「破土」）。

豎柱上樑：豎立柱子，安屋頂中樑。傳統上進行「上樑」儀式前，一定要選擇吉日吉時。

修倉庫：建築倉庫或儲藏室。

苫（唸「山」）蓋：以草編物品來覆蓋屋頂。

修置產室：修理或建築廠房、產室。

開渠穿井：開築下水道、水溝及開鑿水井等。

安碓（唸「對」）磑（唸「位」）：安裝舂物臼磨粉器。傳統上進行這項活動前要先舉行儀式。

補垣塞穴：補修牆壁或堵塞蟻穴及其他洞穴。

掃舍宇：打掃屋宅，指大型的大掃除。

修飾垣牆：裝修、粉刷、整理牆壁。

平治道塗：指鋪平道路等工程。

破屋壞垣：拆除舊屋圍牆之事。

修造動土。

❖工商類

鼓鑄：冶煉金屬以製錢幣或器物。

開市：公司行號商店開張或開幕，或指休完年假後首日營業或工廠開工等。

立券：訂立契約書等事。

交易：交易買賣等事。

納財：購置產業、進貨、收帳、五穀入倉等。

開倉庫：打開穀倉或囤貨的倉庫。在古代，倉庫不會隨便開啟，以免裡頭的貨物或穀物敗壞。

出貨財：出貨、送貨。

❖喪事類

破土：建墳墓、埋葬等（**陽宅為「動土」**）。

安葬：埋葬屍體，或撿骨後「進金」（將先人遺骨放入金斗甕）。

啟攢：指洗骨之事。撿死人的骨骸簡稱拾金。

❖農林漁牧類

伐木：砍伐樹木。古時候人們認為樹木有靈，因此在伐木前必須要舉行儀式，安撫樹靈，祭拜完畢之後才會進行。

鼓鑄。

取魚。

捕捉：撲滅害蟲或生物。

畋（唸「田」）獵：打獵或捕捉野獸等工作。

取魚：結網撈魚，捕取魚類。

栽種：種植樹木、接枝、種稻等農事。

牧養：畜牧牛馬等家畜。

納畜：買入雞鴨、牛羊等來飼養。

經絡：織布、安裝織機或蠶桑之事。因為其中有安裝織機這個部分，後人也衍生為適合安裝各式機械設備的日子。

醞釀：指做醬菜、釀酒、做醋、醬油等等需要發酵的事物，由於發酵的狀況會影響事件的成敗，因此傳統上認為製作時，也要挑選吉日，以期順利釀造出好的成品。

六十甲子納音

六十甲子納音是結合了五行、天干、地支與古代音律——五音，所推算出來的術數，用途非常廣泛，可以用來論命、推算年運、擇吉，甚至是造葬等。這個術數的基礎是五行，十天干、十二地支以及五音都有各自的五行屬性，相互結合之後，與單純的五行相生相剋就不同了。同樣納音屬金的，就有海中金、劍鋒金、白蠟金、砂中金、金箔金、釵釧金等，每一種代表的涵義都不同。

以砂中金為例，為何稱為砂中金？古書云：「之氣已成，物質自堅實，混于沙而別于沙，居於火而煉於火，乃曰砂中金也。」

甲午砂中金，是沙汰之金，古書云：「甲午天符祿，乃沙汰之金，志大而有節操，或零火蓋之而嚴，或旺金集之而剛，不遇丁壬，始可陶熔之寶。祿神敗而食子欲妻剛而子旺。」乙未砂中金，則是強悍剛礦之金，古書云：「乙未祿印綬，乃強悍剛礦之金，欲金相用在火盛處，父子相乘，皆為珍寶。德神當位，喜見印官。」不同屬性的金，需要用來助旺或要避開的的五行也不同。像是甲午砂中金，含砂量大的砂金，一樣要用火來鍛鍊，但要避開丁、壬才能有所成。乙未砂中金，則是礦砂類的砂金，含金量高，以大火來鍛鍊，可以成為珍寶，因此要加強的是火的部分。古人便根據這些不同屬性的組合變化，來論斷吉凶，推算一個人命運的貧富貴賤。

六十甲子納音

甲子乙丑海中金	丙寅丁卯爐中火	戊辰己巳大林木
庚午辛未路傍土	壬申癸酉劍鋒金	甲戌乙亥山頭火
丙子丁丑澗下水	戊寅己卯城頭土	庚辰辛巳白蠟金
壬午癸未楊柳木	甲申乙酉井泉水	丙戌丁亥屋上土
戊子己丑霹靂火	庚寅辛卯松柏木	壬辰癸巳長流水
甲午乙未砂中金	丙申丁酉山下火	戊戌己亥平地木
庚子辛丑壁上土	壬寅癸卯金箔金	甲辰乙巳覆燈火
丙午丁未天河水	戊申己酉大驛土	庚戌辛亥釵釧金
壬子癸丑桑柘木	甲寅乙卯大溪水	丙辰丁巳沙中土
戊午己未天上火	庚申辛酉石榴木	壬戌癸亥大海水

正月開運三吉時——初一、開工、迎財神

壬寅年初一開門吉時與祭拜

大年初一是一年的開始，傳統上認為大年初一能迎到的財氣、喜氣與貴氣都最強。所以初一起個大早往吉祥的方位走，將能為自己帶來無與倫比的財氣與貴氣。因此這一天開門的時間與出門的方位就顯得十分重要。以時間點來說，**今年最佳開門時間為子時（晚上二十三點至凌晨零點二十分）、丑時（上午一點至三點）、寅時（上午三點至三點四十分）、辰時（上午七點至八點二十分）、巳時（上午九點至九點四十分）、午時（上午十一點至十二點二十分）、未時（下午一點至兩點二十分）**。可以根據平常作息或工作時間，挑選最適合的時辰來開門。

吉時一到，便可以開門，準備清茶、糖果、吉祥的水果像是橘子，以及飯、發糕與年糕等供品祭祖。米飯與糕類要插上紅色紙剪的春字，就是俗稱的「飯春花」。「春」和台語「剩」同音，象徵「年年有餘」。祭拜完後要燃放爆竹。

拜拜之後，可以出門往好的方位走，以迎接好的氣場。**初一這天的喜神在西北方，貴方為西南方。**出門時先往這幾個好方位，走上五十到一百步，再往自己原本的目的地前進，民間認為這樣便能夠討得好采頭。另外，**正財在正東，但正好與當日的煞方同一方向，因此宜避開。若想要求財者可以**

選擇在東南方的財神方位，往這個方向走。今年的煞方在正東，盡量避免往這個方向走，以免受到不好氣場的影響。

傳統上也認為大年初一有如一天的早晨，是全新的開始，若能在年初一起得早（最遲不睡過中午），便象徵一整年都會很有活力精神。如果在大年初一的白天睡覺，就象徵在一年的開始精神萎靡、懶散、沒有活力。民俗上甚至認為這將導致種田的田會塌，養雞的會生不出雞蛋。因此，大年初一應該要盡量早起出門活動，無論是全家出外踏青遊玩，或是到附近親朋好友家拜年，到廟裡拜拜等，都能為自己跟家人求得一整年的好運與平安。

大年初一可與家人至廟裡拜拜，為接下來的一年祈求好運、平安。

壬寅年年初開工吉時與祭拜

初五又稱為「隔開」，意思就是新年的歡樂氣氛就到今天為止。新年期間放在家中神桌上的供品也都要撤收，自這天開始，一般民家就開始恢復正常的生活作息了。許多店家公司也都從這天開始上班做生意。不過並不是每一年的初五都是最好的開市、開工日。今年最佳的開工、開市日期與時間請參照下表。

店家或公司可以在門口準備各種牲禮、酒水、線香、紙錢，特別還需準備「疏文」。由於開工祭拜的對象是財神與行業的守護神，準備疏文是讓誠心的祈願可以完整傳達給神明，祭拜者將有機會獲得更為有力的保佑，在自己專長的行業中，創造更好的成績。所以在祭拜前也要搞懂行業祖師爺或守護神是誰，以免不小心拜錯了，既鬧笑話又難以受到保佑！

各行業守護神例

行業別	守護神明
醫療業	保生大帝、華陀、神農大帝
製藥業	神農大帝
屠宰業	玄天上帝
美髮業	孚佑帝君
航海業	天上聖母、水仙尊王
木匠業	巧聖仙師
泥水業	荷葉仙師
商賈業	福德正神、關聖帝君、財神
軍警業	關聖帝君
命理業	鬼谷子
戲曲業	西秦王爺、田都將軍
運輸業	中壇元帥
教職業	文昌帝君、魁星
特種業	豬八戒

二〇二二年壬寅年年初開工開市吉時

正月初四	
卯時	上午五點至七點
辰時	上午七點至八點二十分
巳時	上午九點至十點二十分
未時	下午一點至兩點二十分
申時	下午三點到四點二十分
酉時	下午五點到六點二十分

正月初六	
卯時	上午五點至五點四十分 六點二十分至七點
辰時	上午七點至八點二十分
巳時	上午九點至十一點
午時	上午十一點至十二點二十分
未時	下午一點至一點四十分
酉時	下午五點到六點二十分

正月初七	
卯時	上午五點至七點
辰時	上午七點至七點四十分
巳時	上午九點至九點四十分
午時	上午十一點至十三點
未時	下午一點至三點
申時	下午三點到三點四十分

正月初八	
卯時	上午五點至六點二十分
辰時	上午七點至八點二十分
巳時	上午九點至十點二十分
午時	上午十一點至十二點二十分
未時	下午一點至兩點二十分
申時	下午三點到四點二十分
酉時	下午五點到七點

壬寅年初五迎財神

大年初五是傳統上「**迎財神**」的日子，在這天上午須要準備供品朝門口祭拜來**迎財神**，迎的則是「五路財神」，有兩種說法，比較常見的說法是「**東西南北中**」五路，分別是：

中路財神「玄壇真君－趙公明」
東路財神「進寶天尊－蕭升」
西路財神「納珍天尊－曹寶」
南路財神「招財使者－陳九公」
北路財神「利市仙官－姚少司」

拜「**五路財神**」的目的就是要收盡東南西北中「**五方之財**」。與「**五路財神**」類似的說法還有「**八路財神**」，**八路**指的就是一般常見的八個方位，不過民俗上對於八路財神究竟是哪幾位神明，並沒有明確的記載。

而「**文、武、義、富、偏**」五路財神的說法，除了上述的「**武財神－趙公明**」以外，還有：

忠貞事暴君的商朝忠臣「文財神－比干」
義薄雲天的三國武將「義財神－關公」
富可敵國的明朝富商「富財神－沈萬三」
生性好賭的漢朝名將「偏財神－韓信」

偏財神的「偏」，是指「正財」以外的財富，如兼職、自由業、買彩券、特種行業……等　皆屬之。

黃帝地母經看流年

黃帝地母經共有六十首，是傳統上用來預測一年整體運勢的經文。今年為壬寅年，可以對照黃帝地母經裡的「壬寅」這一首詩，來看今年的整體預測。

以今年的經文來看，詩曰：

「太歲壬寅年，高低盡得豐。
春夏承甘潤，秋冬處處通。
蠶桑熟吳地，穀麥益江東。
桑葉不堪貴，蠶絲卻半豐。
更看三秋裡，禾稻穗重重。
人民雖富樂，六畜盡遭凶。」

卜詞：

「虎首值歲頭，在處好田苗。
桑柘葉下貴，蠶娘免憂愁。
禾稻多成實，耕夫不用憂。」

本年度的詩歌與卜詞，預言了今年整體而言：前兩年的瘟疫接近平息，景氣好轉。氣候方面可說是相當配合農作季節，不管桑麻、米麥等收穫都還不錯，但要注意的是，繼去年「六畜瘴逡巡」的預言，今年提到「六畜盡遭凶」，要留心畜牧、動物疾病等問題。

以今天的角度來看，相同干支年的氣候都相同，似無科學根據，也不符合邏輯。另外預測的區域與台灣的氣候差異甚大，就台灣地區而言並不適用。儘管如此，從這些詩歌還是可以一窺過去人們的生活狀況，可視為一種十分有趣的民俗資料。

年度吉時

❖正月初一開門吉時

正月初一

子時　晚上　二十三點至
　　　凌晨　零點二十分
丑時　上午　一點至三點
寅時　上午　三點至三點四十分
辰時　上午　七點至八點二十分
巳時　上午　九點至九點四十分
午時　上午　十一點至十二點二十分
未時　下午　一點至兩點二十分

❖正月開工、開市吉日時

正月初四

卯時　上午　五點至七點
辰時　上午　七點至八點二十分
巳時　上午　九點至十點二十分
未時　下午　一點至兩點二十分
申時　下午　三點到四點二十分
酉時　下午　五點到六點二十分

正月初六

卯時　上午　五點至五點四十分
　　　　　　六點二十分至七點
辰時　上午　七點至八點二十分
巳時　上午　九點至十一點
午時　上午　十一點至十二點二十分
未時　下午　一點至一點四十分
酉時　下午　五點到六點二十分

正月初七

卯時　上午　五點至七點
辰時　上午　七點至七點四十分
巳時　上午　九點至九點四十分
午時　上午　十一點至十三點
未時　下午　一點至三點
申時　下午　三點到三點四十分

正月初八

卯時　上午　五點至六點二十分
辰時　上午　七點至八點二十分
巳時　上午　九點至十點二十分

午時　上午　十一點至十二點二十分
未時　下午　一點至兩點二十分
申時　下午　三點到四點二十分
酉時　下午　五點到七點

❖天赦吉日

二月廿四日戊寅日
五月十二日甲午日
七月廿六日戊申日
九月廿七日戊申日
十月十四日甲子日
十二月十五日甲子日

❖社日

春社日：二月十四日戊辰日
秋社日：八月廿七日戊寅日

❖三伏天

初伏天：六月十八日庚午日
中伏天：六月廿八日庚辰日
末伏天：七月十八日庚子日

壬寅年大利方位表

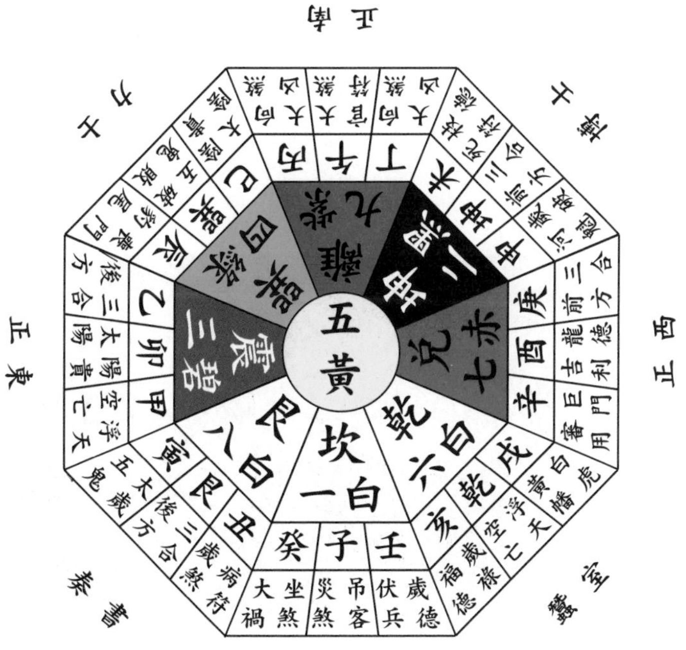

壬寅年安神煞方與安神法

由於傳統信仰與中國人慎終追遠的關係，大部分的人家裡都會有神桌，用來祭拜祖先與神明。而神桌或神龕的裝置有許多的學問，如果沒有小心注意，任意擺放的話，嚴重的時候，有可能會導致家裡不平靜，甚至是家運衰敗。

安神位的日子挑選，要注意避開與「**家人生肖**」相沖的日子，可挑選農民曆上標明適合「**祭祀**」的日子來進行。

安神與流年煞方

「**安神位**」要特別注意「**流年煞方**」。如果準備安神位的位置正巧碰上該年的流年煞方，除了延後安神之外，可以先安「**浮爐**」來化解，也就是在香爐下墊上「**桌墊**」。

一般可以使用**金紙**，先抽掉綑綁金紙的物品，再將第一張金箔抽掉（或是福金的第一張全部抽起），再將其用紅紙包住，將其墊在香爐下面即可，另外也可以使用**盤子**。**今年為虎年，流年煞方為「北方」，所以這方位不宜安神或修造。**

「安爐」可挑選農民曆上適合「祭祀」的日子進行。

安神的方法

若搬新家，或只是神桌在家中換位置而需要「**安神位**」，要先挑選適當的日子，將神明與祖先按順序自原本位置請出，神明（雕像或畫像）要用雙手捧。如果要離開室內，祖先牌位要裝在「**謝籃**」裡，下鋪刈金，撐黑色洋傘。

到新位置安神之前，牆壁先用「**刈金**」清淨，方法是將刈金點火以後，在將要安神位置的牆壁上「**擦**」一遍，安神的順序與請出時一樣，先安神位，後安祖先牌位。

祖先牌位不可高過神像，也不能置於神爐前，因祖先牌位屬「陰」，宜低宜退。擺好神位再將燭台、薦盒、香爐等擺放上去。**神像的位置要比祖先牌位略後，但神明香爐與杯子的位置，則要比祖先的略前。**

安好之後，準備**五果**、**三牲**、**湯圓**、**發粿**、**清茶**、**鮮花**等拜拜。並準備**大壽金**、壽金、刈金、土地公金，香燃過後燒化。安好的神位不可以再隨便移動，若要清潔則必須等到每年農曆十二月二十四日「**送神**」後，才可以進行。

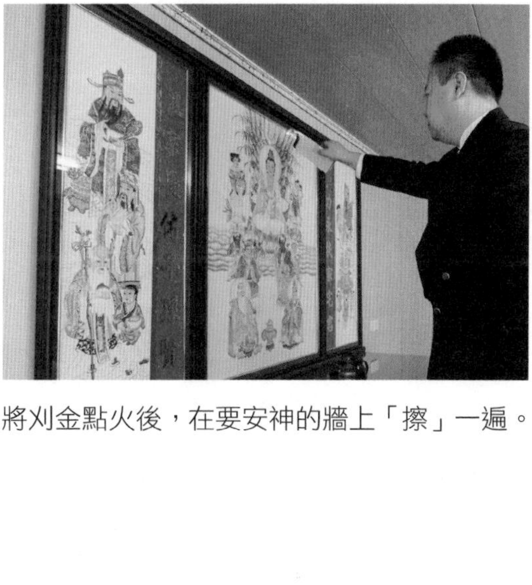

將刈金點火後，在要安神的牆上「擦」一遍。

安神之後拜地基主

安神位當天的黃昏時，要拜「**地基主**」。一般多在廚房擺一張小桌子祭拜，如果空間不夠，也可以把流理台當供桌，如果連接著流理台上剛好有窗，則可以朝窗外拜。如果沒有窗戶，則朝後門，或是廚房後方祭拜即可。

拜拜的供品使用日常家裡的飯菜即可。一般可以準備六道菜碗、一鍋飯、三杯酒、兩副碗筷及紙錢。簡單一點的，可以用一個**有菜有肉**的便當，加上三杯酒、兩副碗筷跟紙錢就可以了。

神桌擺放的注意事項

⊙ 神桌應擺放在前方視野遼闊的地方，代表「**明堂寬闊**」，家運才會步步高升。神桌不可以朝屋後，否則會導致「**家運衰退**」。

⊙ 神桌的後方不能是樓梯或是電梯，因為向下的樓梯或電梯，都暗示「**家運衰退**」，特別是電梯上上下下，氣場混亂，影響更為嚴重。

⊙ 神桌後方與正上方不能是廚房或者瓦斯爐，因為若是瓦斯爐則暗示「**火燒神明**」，而廁所門對神桌則形同將神明祖先置於穢物旁，特別是神桌後方就是馬桶時，這樣的情形都會導致「**家運衰退**」。

⊙ 如果神桌的後方是房間，夫妻或是十二歲到六十歲之間的單身或已婚者，都要避免睡在這裡，以免影響夫妻感情，或不利姻緣。

⊙ 如果神桌樓上的位置作為臥室，床要小心避開神桌所在的地方，否則因為壓住神明的關係，對於睡在這裡的人，會有不好的影響。

⊙神桌的上方不可以有橫樑通過，象徵挑著「重擔」，暗示一家人做事辛苦。另外這樣的狀況也容易暗示家人有頭部方面的毛病。

⊙神桌上方要避免擺放不相干的物品，特別是**人形雕塑**或**玩具公仔**，因為神桌經常會受到**燒香膜拜**的關係，容易會有**不明的靈體**藉機進入這些人形物接受膜拜，會使家中出現怪事。

⊙神桌的前方及左右，包括神桌底下，都要避免堆放物品，神桌正上方的樓上空間則要避免設置櫃子或是床鋪之類的大型家具，因為神桌若是被雜物擋住、壓住，家運容易受到影響。

⊙神桌前面如果有安裝長形的日光燈，要特別注意一定要與神桌**平行懸掛**，如果燈管的方向與神桌垂直，就如同一枝利箭直接射向神明與祖先，形成「**弓箭煞**」，除了對家人運勢有不好的影響外，也直接暗示了容易有意外血光的情形發生。

⊙神桌的高度或與牆壁的距離，都要盡量合於「**魯班尺**」的吉字，如果場地有限制，至少高度需符合吉字。

⊙神桌的左右也要特別注意，虎邊不可以太迫近牆邊，所謂「**迫虎傷人**」，神桌太靠近虎邊對於主人來說會有不良影響。神桌安置要穩固不搖晃，避免碰撞或地震時造成東西摔落。

⊙民俗上認為「**龍怕臭，虎怕吵**」，因此神桌的左邊不能是廁所正沖，而右邊則不能擺放會發出聲音的家電，例如電視、音響、冰箱等。

壬寅年每日宜忌

二〇二二年 國曆一月大	1	2	3	4	5
	六期星	日期星	一期星	二期星	三期星
	勿探病	勿探病		月德合	
農曆十二月 辛丑 臘月 煞東方 朔日西風六畜災，綿絲五穀德成堆 最喜大寒無雨雪，太平冬盡賀春來	廿九	三十	十二月	初二	初三
	甲寅	乙卯	丙辰	丁巳	戊午
	水	水	土	土	火
	滿	平	定	執	破執
	宜	★	宜	宜	★
	宜出行、解除、修造動土、豎柱上樑、開市、立券、交易、納財、破土、啟攢 **忌**祭祀、納采、問名、嫁娶、移徙	**日逢受死日，不宜諸吉事**	**宜**祭祀、祈福、納采、問名、嫁娶、修造動土、豎柱上樑、立券、交易、納財、入宅 **忌**解除	**宜**祭祀 **忌**祈福、出行、納采、問名、嫁娶、移徙、安床、解除、修造動土、豎柱上樑、開市、立券、交易、納財、破土、安葬、啟攢	**忌**祈福、出行、納采、問名、嫁娶、移徙、安床、解除、修造動土、豎柱上樑、開市、立券、交易、納財、破土、安葬、啟攢
每日胎神占方	占門爐 外東北	碓磨門 外正東	廚灶栖 外正東	倉庫床 外正東	房床碓 外正東
每日沖煞年齡	沖猴 54歲 煞北	沖雞 53歲 煞西	沖狗 52歲 煞南	沖豬 51歲 煞東	沖鼠 50歲 煞北

小寒

酉時 17時14分

斗指戊為小寒，時天氣漸寒，尚未大冷，故名小寒。

節氣諺語：小寒大冷，人馬安。

小寒時天氣應寒冷，人畜才會平安。

6	7	8	9
星期四	**星期五**	**星期六**	**星期日**
	天德 月德 刀砧日	刀砧日	
初四	**初五**	**初六**	**初七**
己未	庚申	辛酉	壬戌
火	木	木	水
破	危	成	收
宜	**宜**	★	**宜**
宜 祭祀 **忌** 祈福、出行、納采、問名、嫁娶、移徙、安床、修造動土、豎柱上樑、開市、立券、交易、納財、破土、安葬、啟攢	**宜** 祭祀、出行、移徙、修造動土、豎柱上樑、開市、立券、交易、納財、破土、安葬、入宅 **忌** 祈福、納采、問名、嫁娶、安床、解除	**日逢受死日，不宜諸吉事**	**宜** 祭祀 **忌** 祈福、出行、納采、問名、嫁娶、移徙、安床、解除、修造動土、豎柱上樑、開市、立券、交易、納財、破土、安葬、啟攢
占門廁 外正東	碓磨爐 外東南	廚灶門 外東南	倉庫栖 外東南
沖牛 49歲 煞西	沖虎 48歲 煞南	沖兔 47歲 煞東	沖龍 46歲 煞北

壬寅年每日宜忌

16	15	14	13	12	11	10
日期星	六期星	五期星	四期星	三期星	二期星	一期星
				天德合 月德合	天赦日	
十四	十三	十二	十一	初十	初九	初八
己巳	戊辰	丁卯	丙寅	乙丑	甲子	癸亥
木	木	火	火	金	金	水
定	平	滿	除	建	閉	開
宜	★	宜	宜	宜	宜	★
宜納采、問名、修造動土、豎柱上樑、立券、交易、納財、入宅 **忌**出行、嫁娶、解除、破土、安葬、啟攢	**諸事不宜**	**宜**祭祀 **忌**祈福、出行、納采、問名、嫁娶、移徙、安床、解除、修造動土、豎柱上樑、開市、立券、交易、納財、破土、安葬、啟攢	**宜**入宅 **忌**祭祀、出行	**宜**祭祀、祈福、納采、問名、解除、豎柱上樑、納財、安葬 **忌**出行、嫁娶、移徙、修造動土、破土	**宜**祭祀、安葬	**諸事不宜**
占門床 外正南	房床栖 外正南	倉庫門 外正南	廚灶爐 外正南	碓磨廁 外東南	占門碓 外東南	占房床 外東南
沖豬 39歲 煞東	沖狗 40歲 煞南	沖雞 41歲 煞西	沖猴 42歲 煞北	沖羊 43歲 煞東	沖馬 44歲 煞南	沖蛇 45歲 煞西

壬寅年每日宜忌

17	18	19	20	大寒
一期星	二期星	三期星	四期星	
天德 月德 勿探病		刀砧日	刀砧日	
十五	十六	十七	十八	巳時 10時39分
庚午	辛未	壬申	癸酉	
土	土	金	金	
執	破	危	成	
宜	宜	宜	★	
宜祭祀、祈福、出行、納采、問名、嫁娶、移徙、解除、修造動土、豎柱上樑、破土、安葬	**宜**祭祀、解除 **忌**祈福、出行、納采、問名、嫁娶、移徙、安床、修造動土、豎柱上樑、開市、立券、交易、納財、破土、安葬、啟攢	**宜**祭祀、開市、納財、破土、安葬 **忌**祈福、納采、問名、安床、解除、立券、交易	**日逢受死日，不宜諸吉事**	**斗指癸為大寒，時大寒栗烈已極，故名大寒。節氣諺語：大寒不寒，春分不暖。**大寒若天氣溫暖，表氣候不順，隔年春分仍會寒冷。
占碓磨 外正南	廚灶廁 外西南	倉庫爐 外西南	房床門 外西南	
沖鼠 38歲 煞北	沖牛 37歲 煞西	沖虎 36歲 煞南	沖兔 35歲 煞東	

26	25	24	23	22	21
三期星	二期星	一期星	日期星	六期星	五期星
送神日 勿探病				天德合 月德合	
廿四	廿三	廿二	廿一	二十	十九
己卯	戊寅	丁丑	丙子	乙亥	甲戌
土	土	水	水	火	火
滿	除	建	閉	開	收
宜	**宜**	★	**宜**	**宜**	**宜**
宜祭祀 **忌**祈福、出行、納采、問名、嫁娶、移徙、安床、解除、修造動土、豎柱上樑、開市、立券、交易、納財、破土、安葬、啟攢	**宜**入宅 **忌**祭祀、出行、破土、安葬、啟攢	**忌**祈福、出行、納采、問名、嫁娶、移徙、安床、解除、修造動土、豎柱上樑、破土、安葬、啟攢	**宜**祭祀、安葬、啟攢 **忌**祈福、出行、納采、問名、嫁娶、移徙、安床、解除、修造動土、豎柱上樑、開市、立券、交易、納財、破土	**宜**祭祀、祈福、解除、修造動土、豎柱上樑、開市、納財、入宅 **忌**出行、納采、問名、嫁娶、移徙	**宜**祭祀 **忌**祈福、出行、納采、問名、嫁娶、移徙、安床、解除、修造動土、豎柱上樑、開市、立券、交易、納財、破土、安葬、啟攢
占大門 外正西	房床爐 外正西	倉庫廁 外正西	廚灶碓 外西南	碓磨床 外西南	門碓栖 外西南
沖雞 29歲 煞西	沖猴 30歲 煞北	沖羊 31歲 煞東	沖馬 32歲 煞南	沖蛇 33歲 煞西	沖龍 34歲 煞北

壬寅年每日宜忌

31	30	29	28	27
一期星	**日期星**	**六期星**	**五期星**	**四期星**
除夕 刀砧日		勿探病		天神下降日 天德 月德
廿九	**廿八**	**廿七**	**廿六**	**廿五**
甲申	癸未	壬午	辛巳	庚辰
水	木	木	金	金
危	破	執	定	平
宜	**宜**	**宜**	**宜**	**宜**
宜祭祀、出行、移徙、修造動土、豎柱上樑、開市、納財、破土、安葬、入宅 **忌**祈福、納采、問名、安床、解除、立券、交易	**宜**祭祀 **忌**祈福、出行、納采、問名、嫁娶、移徙、安床、解除、修造動土、豎柱上樑、開市、立券、交易、納財、破土、安葬、啟攢	**宜**入宅 **忌**祈福、出行、納采、問名、嫁娶、移徙、安床、解除、修造動土、豎柱上樑、開市、立券、交易、納財、破土、安葬、啟攢	**宜**祭祀、祈福、納采、問名、移徙、修造動土、豎柱上樑、立券、交易、納財 **忌**出行、嫁娶、解除、破土、安葬、啟攢	**宜**祭祀 **忌**祈福、出行、納采、問名、嫁娶、移徙、安床、解除、修造動土、豎柱上樑、開市、立券、交易、納財、破土、安葬、啟攢
占門爐 外西北	房床廁 外西北	倉庫碓 外西北	廚灶床 外正西	碓磨棲 外正西
沖虎 24歲 煞南	沖牛 25歲 煞西	沖鼠 26歲 煞北	沖豬 27歲 煞東	沖狗 28歲 煞南

二〇二二年 國曆二月小	1	2	3	4
	星期二	星期三	星期四	星期五
	春節 天德合 月德合 刀砧日			孫真人聖誕 刀砧日
農曆一月 壬寅 端月 煞北方	正月	初二	初三	初四
	乙酉	丙戌	丁亥	戊子
	水	土	土	火
	成	收	開	開閉
	★	宜	宜	宜
立春最喜晴一日，元旦景雲光齊天 雨水連綿是豐年，農夫不用力耕田	**日逢受死日，不宜諸吉事**	**宜** 祭祀 **忌** 祈福、出行、納采、問名、嫁娶、移徙、安床、解除、修造動土、豎柱上樑、開市、立券、交易、納財、破土、安葬、啟攢	**宜** 祭祀、入宅 **忌** 祈福、出行、納采、問名、嫁娶、移徙、安床、解除、修造動土、豎柱上樑、開市、立券、交易、納財、破土、安葬、啟攢	**宜** 祭祀 **忌** 納采、問名、嫁娶、破土、安葬、啟攢
每日胎神占方	碓磨門 外西北	廚灶栖 外西北	倉庫床 外西北	房床碓 外正北
每日沖煞年齡	沖兔 24歲 煞東	沖龍 23歲 煞北	沖蛇 22歲 煞西	沖馬 21歲 煞南

壬寅年每日宜忌

立春

寅時 04時51分

斗指東北維為立春，時春氣始至，四時之卒始，故名立春也。

節氣諺語：立春打雷，十處豬欄九處空。立春這天如果打雷，會六畜不安。相反的，雷不打春，今年一定好年冬。

5	6	7	8
星期六	星期日	星期一	星期二
	清水祖師聖誕	月德合	天德合
初五	初六	初七	初八
己丑	庚寅	辛卯	壬辰
火	木	木	水
閉	建	除	滿
★	宜	宜	宜
諸事不宜	**宜**立券、交易、納財 **忌**祭祀、祈福、出行、納采、問名、嫁娶、移徙、解除、修造動土、豎柱上樑、破土、安葬、啟攢	**宜**祭祀、祈福、出行、納采、問名、嫁娶、移徙、解除、修造動土、豎柱上樑、立券、交易、破土、安葬、啟攢、入宅	**宜**祭祀、祈福、出行、納采、問名、嫁娶、移徙、解除、修造動土、豎柱上樑、開市、立券、交易、納財、安葬
占門廁 外正北	碓磨爐 外正北	廚灶門 外正北	倉庫棲 外正北
沖羊 20歲 煞東	沖猴 19歲 煞北	沖雞 18歲 煞西	沖狗 17歲 煞南

壬寅年每日宜忌

9	10	11	12	13	14
三期星	四期星	五期星	六期星	日期星	一期星
玉皇大帝聖誕			月德	關聖帝君飛昇日 天德	
初九	初十	十一	十二	十三	十四
癸巳	甲午	乙未	丙申	丁酉	戊戌
水	金	金	火	火	木
平	定	執	破	危	成
★	宜	★	宜	宜	★
忌 祈福、出行、納采、問名、嫁娶、移徙、安床、解除、修造動土、豎柱上樑、開市、立券、交易、納財、破土、安葬、啟攢	**宜** 祭祀、祈福、出行、納采、問名、嫁娶、移徙、修造動土、豎柱上樑、開市、立券、交易、納財、入宅 **忌** 解除、破土、安葬、啟攢	**忌** 出行、納采、問名、嫁娶、移徙、解除、修造動土、豎柱上樑、開市、立券、交易、納財、破土、安葬、啟攢	**宜** 祭祀、解除 **忌** 祈福、出行、納采、問名、嫁娶、移徙、安床、修造動土、豎柱上樑、開市、立券、交易、納財、破土、安葬、啟攢	**宜** 祭祀、祈福、出行、納采、問名、嫁娶、移徙、安床、解除、修造動土、豎柱上樑、納財、破土、安葬、入宅	**日逢受死日，不宜諸吉事**
占房床 房內北	占門碓 房內北	碓磨廁 房內北	廚灶爐 房內北	倉庫門 房內北	房床栖 房內南
沖豬 16歲 煞東	沖鼠 15歲 煞北	沖牛 14歲 煞西	沖虎 13歲 煞南	沖兔 12歲 煞東	沖龍 11歲 煞北

壬寅年每日宜忌

15	16	17	18	19
二期星	三期星	四期星	五期星	六期星
元宵節 天官聖誕 刀砧日	刀砧日	月德合	天德合 勿探病	
十五	十六	十七	十八	十九
己亥	庚子	辛丑	壬寅	癸卯
木	土	土	金	金
收	開	閉	建	除
宜	宜	宜	宜	宜
宜 祭祀、祈福、開市、立券、交易、納財 **忌** 嫁娶、破土、安葬、啟攢	**宜** 祭祀 **忌** 納采、問名、修造動土、破土	**宜** 祭祀 **忌** 祈福、出行、納采、問名、嫁娶、移徙、安床、解除、修造動土、豎柱上樑、開市、立券、交易、納財、破土、安葬、啟攢	**宜** 納采、問名、解除、豎柱上樑、立券、交易、納財、安葬、啟攢 **忌** 祭祀、出行、嫁娶、移徙、修造動土、破土	**宜** 出行、解除、立券、交易、破土、啟攢、入宅
占門床 房內南	占碓磨 房內南	廚灶廁 房內南	倉庫爐 房內南	房床門 房內南
沖蛇 10歲 煞西	沖馬 9歲 煞南	沖羊 8歲 煞東	沖猴 7歲 煞北	沖雞 6歲 煞西

雨水

子時

00時43分

斗指壬為雨水，時東風解凍，冰雪皆散而為水，化而為雨，故名雨水。

節氣諺語：雨水，海水卡冷鬼。

雨水時節雖已入春，但溫度仍低，海水摸起來還是非常冷冽。

壬寅年每日宜忌

20	21	22	23
日期星	**一期星**	**二期星**	**三期星**
		月德	天德
二十	**廿一**	**廿二**	**廿三**
甲辰	乙巳	丙午	丁未
火	火	水	水
滿	平	定	執
宜	★	**宜**	**宜**
宜 祭祀、祈福 **忌** 納采、問名、嫁娶、開市、立券、交易、納財、破土、安葬、啟攢	**忌** 祈福、出行、納采、問名、嫁娶、移徙、安床、解除、修造動土、豎柱上樑、開市、立券、交易、納財、破土、安葬、啟攢	**宜** 祭祀、祈福、出行、納采、問名、嫁娶、移徙、解除、修造動土、豎柱上樑、開市、立券、交易、納財、破土、安葬、入宅	**宜** 祭祀、祈福、出行、移徙、解除、修造動土、豎柱上樑、納財、破土、安葬、入宅 **忌** 納采、問名、嫁娶
門雞栖 房內東	碓磨床 房內東	廚灶碓 房內東	倉庫廁 房內東
沖狗 5歲 煞南	沖豬 4歲 煞東	沖鼠 3歲 煞北	沖牛 2歲 煞西

壬寅年每日宜忌

28	27	26	25	24
星期一	星期日	星期六	星期五	星期四
天德合、刀砧日	月德合、刀砧日			
廿八	廿七	廿六	廿五	廿四
壬子	辛亥	庚戌	己酉	戊申
木	金	金	土	土
開	收	成	危	破
宜	宜	★	宜	宜
宜祭祀、祈福、出行、納采、問名、嫁娶、移徙、解除、修造動土、豎柱上樑、開市、納財	**宜**祭祀、祈福、出行、納采、問名、移徙、解除、修造動土、豎柱上樑、開市、立券、交易、納財 **忌**嫁娶	**日逢受死日，不宜諸吉事**	**宜**祭祀、破土、安葬、入宅 **忌**祈福、出行、納采、問名、嫁娶、移徙、安床、解除、修造動土、豎柱上樑、開市、立券、交易、納財	**宜**祭祀、解除 **忌**祈福、出行、納采、問名、嫁娶、移徙、安床、修造動土、豎柱上樑、開市、立券、交易、納財、破土、安葬、啟攢
倉庫碓 外東北	廚灶床 外東北	碓磨栖 外東北	占大門 外東北	房床爐 房內東
沖馬 57歲 煞南	沖蛇 58歲 煞西	沖龍 59歲 煞北	沖兔 60歲 煞東	沖虎 1歲 煞南

壬寅年每日宜忌

二〇二二年 國曆三月大	1	2	3	4	5
	星期二	星期三	星期四	星期五	星期六
		勿探病	勿探病	福德正神千秋 月德	文昌帝君聖誕
農曆二月 癸卯 花月 煞西方 驚蟄聞雷米似泥，春分有雨病人稀 月中但得逢三卯，處處棉花豆麥宜	廿九	三十	二月	初二	初三
	癸丑	甲寅	乙卯	丙辰	丁巳
	木	水	水	土	土
	閉	建	除	滿	滿 平
	★	宜	宜	宜	宜
	諸事不宜	**宜**立券、交易、納財 **忌**祭祀、祈福、出行、納采、問名、嫁娶、移徙、解除、修造動土、豎柱上樑、破土、安葬、啟攢	**宜**出行、解除、立券、交易、破土、啟攢、入宅	**宜**祭祀、祈福、出行、納采、問名、移徙、解除、修造動土、豎柱上樑、開市、立券、交易、納財、安葬	**宜**祭祀、祈福、納采、問名、解除、豎柱上樑、開市、立券、交易、納財 **忌**出行、嫁娶、移徙、修造動土、破土、安葬、啟攢
每日胎神占方	房床廁 外東北	占門爐 外東北	碓磨門 外正東	廚灶棲 外正東	倉庫床 外正東
每日沖煞年齡	沖羊 56歲 煞東	沖猴 55歲 煞北	沖雞 54歲 煞西	沖狗 53歲 煞南	沖豬 52歲 煞東

壬寅年每日宜忌

驚蟄

亥時 22時44分

斗指丁為驚蟄，雷鳴動，蟄蟲皆震起而出，故名驚蟄。

節氣諺語：未驚蟄打雷，會四十九日烏。

如果驚蟄之前就打雷，會連續下四十九天雨。

6	7	8	9	10
日期星	一期星	二期星	三期星	四期星
	月德合			
初四	初五	初六	初七	初八
戊午	己未	庚申	辛酉	壬戌
火	火	木	木	水
平	定	執	破	危
宜	宜	★	★	★
宜 祭祀 **忌** 祈福、出行、納采、問名、嫁娶、移徙、安床、解除、修造動土、豎柱上樑、開市、立券、交易、納財、破土、安葬、啟攢	**宜** 祭祀、祈福、出行、移徙、解除、修造動土、豎柱上樑、立券、交易、納財、安葬、入宅 **忌** 納采、問名、嫁娶	**忌** 祈福、出行、納采、問名、嫁娶、移徙、安床、解除、修造動土、豎柱上樑、開市、立券、交易、納財、破土、安葬、啟攢	**諸事不宜**	**忌** 祈福、出行、解除、修造動土、豎柱上樑
房床碓 外正東	占門廁 外正東	碓磨爐 外東南	廚灶門 外東南	倉庫栖 外東南
沖鼠 51歲 煞北	沖牛 50歲 煞西	沖虎 49歲 煞南	沖兔 48歲 煞東	沖龍 47歲 煞北

壬寅年每日宜忌

16	15	14	13	12	11
三期星	**二期星**	**一期星**	**日期星**	**六期星**	**五期星**
春社日				月德 刀砧日	刀砧日
十四	**十三**	**十二**	**十一**	**初十**	**初九**
戊辰	丁卯	丙寅	乙丑	甲子	癸亥
木	火	火	金	金	水
除	建	閉	開	收	成
★	**宜**	**宜**	**宜**	**宜**	**宜**
日逢受死日，不宜諸吉事	**宜**祭祀、祈福、出行、納采、問名、移徙、解除、豎柱上樑、立券、交易、納財、啟攢 **忌**嫁娶、修造動土、破土	**宜**立券、交易、納財、破土、啟攢 **忌**祭祀、祈福、出行、納采、問名、嫁娶、移徙、安床、解除、修造動土、豎柱上樑、開市	**宜**祭祀、祈福、出行、嫁娶、移徙、解除、修造動土、豎柱上樑、入宅 **忌**開市、立券、交易、納財、破土、安葬、啟攢	**宜**祭祀 **忌**祈福、出行、納采、問名、嫁娶、移徙、安床、解除、修造動土、豎柱上樑、開市、立券、交易、納財、破土、安葬、啟攢	**宜**入宅 **忌**嫁娶、破土、安葬、啟攢
房床栖 外正南	倉庫門 外正南	廚灶爐 外正南	碓磨廁 外東南	占門碓 外東南	占房床 外東南
沖狗 41歲 煞南	沖雞 42歲 煞西	沖猴 43歲 煞北	沖羊 44歲 煞東	沖馬 45歲 煞南	沖蛇 46歲 煞西

壬寅年每日宜忌

春分	20	19	18	17
	星期日	星期六	星期五	星期四
			開漳聖王千秋 勿探病	三山國王千秋 月德合
子時 23時33分	十八	十七	十六	十五
	壬申	辛未	庚午	己巳
	金	土	土	木
	執	定	平	滿
	宜	宜	宜	宜
斗指壬為春分，日行周天，南北兩半球晝夜均分，又當春之半，故名。 節氣諺語：春分，日暝對分。 春分到，晝夜各半，平均為十二小時。	**宜**入宅 **忌**祈福、出行、納采、問名、嫁娶、移徙、安床、解除、修造動土、豎柱上樑、開市、立券、交易、納財、破土、安葬、啟攢	**宜**祭祀、祈福、納采、問名、嫁娶、修造動土、豎柱上樑、立券、交易、納財、入宅 **忌**解除	**宜**祭祀 **忌**祈福、出行、納采、問名、嫁娶、移徙、安床、解除、修造動土、豎柱上樑、開市、立券、交易、納財、破土、安葬、啟攢	**宜**祭祀、祈福、納采、問名、解除、豎柱上樑、開市、立券、交易、納財 **忌**出行、嫁娶、移徙、修造動土、破土
	倉庫爐 外西南	廚灶廁 外西南	占碓磨 外正南	占門床 外正南
	沖虎 37歲 煞南	沖牛 38歲 煞西	沖鼠 39歲 煞北	沖豬 40歲 煞東

壬寅年每日宜忌

21	22	23	24	25
星期一	星期二	星期三	星期四	星期五
觀世音菩薩聖誕	月德	普賢菩薩聖誕 刀砧日	刀砧日	
十九	二十	廿一	廿二	廿三
癸酉	甲戌	乙亥	丙子	丁丑
金	火	火	水	水
破	危	成	收	開
★	宜	宜	★	宜
諸事不宜	**宜**祭祀、祈福、出行、納采、問名、嫁娶、移徙、安床、解除、修造動土、豎柱上樑、開市、立券、交易、納財、安葬、入宅	**宜**出行、移徙、修造動土、豎柱上樑、入宅 **忌**納采、問名、嫁娶、開市、立券、交易、納財、破土、安葬、啟攢	**諸事不宜**	**宜**祭祀、祈福、出行、納采、問名、嫁娶、移徙、解除、修造動土、豎柱上樑、入宅 **忌**開市、立券、交易、納財
房床門 外西南	門碓栖 外西南	碓磨床 外西南	廚灶碓 外西南	倉庫廁 外正西
沖兔 36歲 煞東	沖龍 35歲 煞北	沖蛇 34歲 煞西	沖馬 33歲 煞南	沖羊 32歲 煞東

壬寅年每日宜忌

31	30	29	28	27	26
四期星	三期星	二期星	一期星	日期星	六期星
	勿探病			月德合 勿探病	天赦日
廿九	廿八	廿七	廿六	廿五	廿四
癸未	壬午	辛巳	庚辰	己卯	戊寅
木	木	金	金	土	土
定	平	滿	除	建	閉
宜	宜	宜	★	★	宜
宜祭祀、祈福、納采、問名、嫁娶、修造動土、豎柱上樑、立券、交易、納財、入宅 **忌**解除	**宜**祭祀 **忌**祈福、出行、納采、問名、嫁娶、移徙、安床、解除、修造動土、豎柱上樑、開市、立券、交易、納財、破土、安葬、啟攢	**宜**祭祀、祈福、開市、立券、交易、納財 **忌**出行、納采、問名、嫁娶、移徙、修造動土、破土、安葬、啟攢	**日逢受死日，不宜諸吉事**	**諸事不宜**	**宜**立券、交易、納財、安葬 **忌**祭祀、祈福、移徙、解除
房床廁 外西北	倉庫碓 外西北	廚灶床 外正西	碓磨棲 外正西	占大門 外正西	房床爐 外正西
沖牛 26歲 煞西	沖鼠 27歲 煞北	沖豬 28歲 煞東	沖狗 29歲 煞南	沖雞 30歲 煞西	沖猴 31歲 煞北

二〇二二年 國曆四月小	1	2	3	4	5
	星期五	星期六	星期日	星期一	星期二
	月德			刀砧日	刀砧日
農曆三月 甲辰 桐月 煞南方 風雨相逢初一頭，沿村瘟疫萬人憂 清明風若從南至，定是農家有大收	三月	初二	初三	初四	初五
	甲申	乙酉	丙戌	丁亥	戊子
	水	水	土	土	火
	執	破	危	成	成收
	宜	★	宜	宜	宜
	宜祭祀、入宅 **忌**安床、開市、立券、交易、納財	**諸事不宜**	**宜**祭祀	**宜**祭祀、祈福、出行、納采、問名、移徙、解除、修造動土、豎柱上樑、開市、立券、交易、納財、入宅 **忌**嫁娶、破土、安葬、啟攢	**宜**祭祀、祈福、出行、納采、問名、嫁娶、修造動土、豎柱上樑、開市、立券、交易、納財 **忌**移徙、破土、安葬、啟攢
每日胎神占方	占門爐外西北	碓磨門外西北	廚灶栖外西北	倉庫床外西北	房床碓外正北
每日沖煞年齡	沖虎25歲煞南	沖兔24歲煞東	沖龍23歲煞北	沖蛇22歲煞西	沖馬21歲煞南

清明	6	7	8	9	10
寅時 03時20分	星期三	星期四	星期五	星期六	星期日
	濟公活佛成道日			天德 月德	
	初六	初七	初八	初九	初十
	己丑	庚寅	辛卯	壬辰	癸巳
	火	木	木	水	水
	收	開	閉	建	除
	宜	宜	★	宜	宜
斗指丁為清明，時萬物潔顯而清明，時當氣清景明，故名。 節氣諺語：清明芋，穀雨薑。 清明時節是為適合種植芋頭、而接下來的穀雨則是可以種生薑的時候。	**宜** 祭祀、納財 **忌** 祈福、出行、納采、問名、嫁娶、移徙、安床、解除、修造動土、豎柱上樑、開市、立券、交易、破土、安葬、啟攢	**宜** 出行、納采、問名、移徙、解除、修造動土、豎柱上樑、開市、立券、交易、納財 **忌** 祭祀、嫁娶	**忌** 祈福、出行、納采、問名、嫁娶、移徙、安床、解除、修造動土、豎柱上樑、開市、立券、交易、納財、破土、安葬、啟攢	**宜** 祭祀 **忌** 修造動土、破土	**宜** 入宅 **忌** 祈福、出行、納采、問名、嫁娶、移徙、安床、修造動土、豎柱上樑、破土、安葬、啟攢
	占門廁 外正北	碓磨爐 外正北	廚灶門 外正北	倉庫栖 外正北	占房床 房內北
	沖羊 20歲 煞東	沖猴 19歲 煞北	沖雞 18歲 煞西	沖狗 17歲 煞南	沖豬 16歲 煞東

壬寅年每日宜忌

11	12	13	14	15	16
一期星	二期星	三期星	四期星	五期星	六期星
			天德合 月德合	保生大帝聖誕	準提菩薩聖誕 刀砧日
十一	十二	十三	十四	十五	十六
甲午	乙未	丙申	丁酉	戊戌	己亥
金	金	火	火	木	木
滿	平	定	執	破	危
宜	★	宜	宜	宜	★
宜 祭祀 **忌** 祈福、出行、納采、問名、嫁娶、移徙、安床、解除、修造動土、豎柱上樑、開市、立券、交易、納財、破土、安葬、啟攢	**諸事不宜**	**宜** 祭祀 **忌** 祈福、出行、納采、問名、嫁娶、移徙、安床、解除、修造動土、豎柱上樑、開市、立券、交易、納財、破土、安葬、啟攢	**宜** 祭祀、祈福、出行、納采、問名、嫁娶、移徙、解除、豎柱上樑、立券、交易、納財、安葬、入宅 **忌** 修造動土、破土	**宜** 祭祀、解除 **忌** 祈福、出行、納采、問名、嫁娶、移徙、安床、修造動土、豎柱上樑、開市、立券、交易、納財、破土、安葬、啟攢	**日逢受死日，不宜諸吉事**
占門碓 房內北	碓磨廁 房內北	廚灶爐 房內北	倉庫門 房內北	房床栖 房內南	占門床 房內南
沖鼠 15歲 煞北	沖牛 14歲 煞西	沖虎 13歲 煞南	沖兔 12歲 煞東	沖龍 11歲 煞北	沖蛇 10歲 煞西

壬寅年每日宜忌

17	18	19	20	穀雨
日期星	一期星	二期星	三期星	
刀砧日		太陽星君聖誕 天德 月德 勿探病	註生娘娘千秋	
十七	十八	十九	二十	巳時 10時24分
庚子	辛丑	壬寅	癸卯	
土	土	金	金	
成	收	開	閉	
宜	宜	宜	★	
宜 祭祀、祈福、出行、納采、問名、嫁娶、解除、修造動土、豎柱上樑、開市、立券、交易、納財、破土、啟攢 **忌** 移徙	**宜** 祭祀、納財 **忌** 祈福、出行、納采、問名、嫁娶、移徙、安床、解除、修造動土、豎柱上樑、開市、立券、交易、破土、安葬、啟攢	**宜** 出行、納采、問名、嫁娶、移徙、解除、修造動土、豎柱上樑、開市、立券、交易、入宅 **忌** 祭祀	**忌** 祈福、出行、納采、問名、嫁娶、移徙、安床、解除、修造動土、豎柱上樑、開市、立券、交易、納財、破土、安葬、啟攢	**斗指癸為穀雨，言雨生百穀也。時必雨下降，百穀滋長之意。** **節氣諺語：穀雨前三日無茶挽，穀雨後三日挽不及。** 這是指穀雨左右要開始摘採春茶、製春茶，這段期間茶農最為忙碌。
占碓磨 房內南	廚灶廁 房內南	倉庫爐 房內南	房床門 房內南	
沖馬 9歲 煞南	沖羊 8歲 煞東	沖猴 7歲 煞北	沖雞 6歲 煞西	

21	22	23	24	25
星期四	星期五	星期六	星期日	星期一
		天上聖母聖誕	天德合 月德合	
廿一	廿二	廿三	廿四	廿五
甲辰	乙巳	丙午	丁未	戊申
火	火	水	水	土
建	除	滿	平	定
★	宜	宜	宜	★
忌祈福、出行、納采、問名、嫁娶、移徙、安床、解除、修造動土、豎柱上樑、開市、立券、交易、納財、破土、安葬、啟攢	**宜**入宅 **忌**祈福、出行、納采、問名、嫁娶、移徙、安床、修造動土、豎柱上樑、破土、安葬、啟攢	**宜**祭祀 **忌**祈福、出行、納采、問名、嫁娶、移徙、安床、解除、修造動土、豎柱上樑、開市、立券、交易、納財、破土、安葬、啟攢	**宜**祭祀 **忌**祈福、出行、納采、問名、嫁娶、移徙、安床、解除、修造動土、豎柱上樑、開市、立券、交易、納財、破土、安葬、啟攢	**忌**祈福、出行、納采、問名、嫁娶、移徙、安床、解除、修造動土、豎柱上樑、開市、立券、交易、納財、破土、安葬、啟攢
門雞栖 房內東	碓磨床 房內東	廚灶碓 房內東	倉庫廁 房內東	房床爐 房內東
沖狗 5歲 煞南	沖豬 4歲 煞東	沖鼠 3歲 煞北	沖牛 2歲 煞西	沖虎 1歲 煞南

壬寅年每日宜忌

30	29	28	27	26
六期星	五期星	四期星	三期星	二期星
	天德 月德 刀砧日	東嶽大帝聖誕 刀砧日		鬼谷先師千秋
三十	廿九	廿八	廿七	廿六
癸丑	壬子	辛亥	庚戌	己酉
木	木	金	金	土
收	成	危	破	執
宜	宜	★	宜	宜
宜 祭祀、納財 **忌** 祈福、出行、納采、問名、嫁娶、移徙、安床、解除、修造動土、豎柱上樑、開市、立券、交易、破土、安葬、啟攢	**宜** 祭祀、祈福、出行、納采、問名、嫁娶、解除、修造動土、豎柱上樑、開市、立券、交易、納財、破土、安葬、啟攢 **忌** 移徙	**日逢受死日，不宜諸吉事**	**宜** 祭祀、解除 **忌** 祈福、出行、納采、問名、嫁娶、移徙、安床、修造動土、豎柱上樑、開市、立券、交易、納財、破土、安葬、啟攢	**宜** 祭祀、祈福、嫁娶、解除、安葬 **忌** 修造動土、開市、立券、交易、納財、破土
房床廁 外東北	倉庫碓 外東北	廚灶床 外東北	碓磨栖 外東北	占大門 外東北
沖羊 56歲 煞東	沖馬 57歲 煞南	沖蛇 58歲 煞西	沖龍 59歲 煞北	沖兔 60歲 煞東

二〇二二年 國曆五月大	1	2	3	4	5
	星期日	星期一	星期二	星期三	星期四
	勿探病	勿探病		文殊菩薩聖誕 天德合 月德合	
農曆四月 乙巳 梅月 煞東方 立夏東風少病痾，晴逢初八果生多 雷鳴甲子庚辰日，定主蝗蟲侵損禾	四月	初二	初三	初四	初五
	甲寅	乙卯	丙辰	丁巳	戊午
	水	水	土	土	火
	開	閉	建	除	除滿
	宜	★	宜	宜	宜
	宜出行、移徙、解除、修造動土、豎柱上樑、開市、立券、交易、入宅 **忌**祭祀、納采、問名、嫁娶	**忌**祈福、出行、納采、問名、嫁娶、移徙、安床、解除、修造動土、豎柱上樑、開市、立券、交易、納財、破土、安葬、啟攢	**宜**祭祀 **忌**祈福、出行、納采、問名、嫁娶、移徙、安床、解除、修造動土、豎柱上樑、開市、立券、交易、納財、破土、安葬、啟攢	**宜**祭祀、祈福、納采、問名、嫁娶、移徙、解除、修造動土、豎柱上樑、開市、立券、交易、納財 **忌**出行	**宜**祭祀、入宅 **忌**祈福、出行、納采、問名、嫁娶、移徙、安床、解除、修造動土、豎柱上樑、開市、立券、交易、納財
每日胎神占方	占門爐 外東北	碓磨門 外正東	廚灶栖 外正東	倉庫床 外正東	房床碓 外正東
每日沖煞年齡	沖猴 55歲 煞北	沖雞 54歲 煞西	沖狗 53歲 煞南	沖豬 52歲 煞東	沖鼠 51歲 煞北

立夏

戌時　20時26分

斗指東南維為立夏，萬物至此皆已長大，故名立夏。

節氣諺語：立夏，補老父。

民俗上，立夏日要為年老的父親進補。

6	7	8	9
星期五	**星期六**	**星期日**	**星期一**
	月德	佛陀誕辰紀念日 天德	
初六	**初七**	**初八**	**初九**
己未	庚申	辛酉	壬戌
火	木	木	水
滿	平	定	執
宜	**宜**	**宜**	**宜**
宜 祭祀 **忌** 祈福、出行、納采、問名、嫁娶、移徙、安床、解除、修造動土、豎柱上樑、開市、立券、交易、納財、破土、安葬、啟攢	**宜** 祭祀、出行、移徙、修造動土、豎柱上樑、開市、立券、交易、納財、破土、安葬 **忌** 祈福、納采、問名、嫁娶、安床、解除	**宜** 祭祀、祈福、出行、納采、問名、嫁娶、移徙、解除、修造動土、豎柱上樑、開市、立券、交易、納財、破土、安葬、入宅	**宜** 解除 **忌** 出行、開市、立券、交易、納財
占門廁 外正東	碓磨爐 外東南	廚灶門 外東南	倉庫栖 外東南
沖牛 50歲 煞西	沖虎 49歲 煞南	沖兔 48歲 煞東	沖龍 47歲 煞北

壬寅年每日宜忌

10	11	12	13	14	15
星期二	星期三	星期四	星期五	星期六	星期日
		月德合	天德合 刀砧日	純陽祖師 聖誕 刀砧日	
初十	十一	十二	十三	十四	十五
癸亥	甲子	乙丑	丙寅	丁卯	戊辰
水	金	金	火	火	木
破	危	成	收	開	閉
★	宜	宜	宜	宜	★
諸事不宜	**宜** 入宅 **忌** 祈福、出行、納采、問名、嫁娶、移徙、安床、解除、修造動土、豎柱上樑、開市、立券、交易、納財	**宜** 祭祀、祈福、出行、納采、問名、嫁娶、解除、修造動土、豎柱上樑、開市、立券、交易、納財、安葬 **忌** 移徙	**宜** 出行、納采、問名、嫁娶、移徙、解除、豎柱上樑、立券、交易、納財 **忌** 祭祀、修造動土、破土	**宜** 祭祀	**諸事不宜**
占房床 外東南	占門碓 外東南	碓磨廁 外東南	廚灶爐 外正南	倉庫門 外正南	房床栖 外正南
沖蛇 46歲 煞西	沖馬 45歲 煞南	沖羊 44歲 煞東	沖猴 43歲 煞北	沖雞 42歲 煞西	沖狗 41歲 煞南

壬寅年每日宜忌

小滿	16	17	18	19	20	21
	一期星	二期星	三期星	四期星	五期星	六期星
		月德 勿探病	天德			托塔天王聖誕
巳時 09時23分	十六	十七	十八	十九	二十	廿一
	己巳	庚午	辛未	壬申	癸酉	甲戌
	木	土	土	金	金	火
	建	除	滿	平	定	執
	★	宜	宜	宜	宜	宜
斗指甲為小滿，萬物長於此少得盈滿，麥至此方，小滿而未全熟，故名。 節氣諺語：小滿櫃，芒種穗。 水稻在小滿前後開始含苞，到芒種左右會吐穗開花。	**日逢受死日，不宜諸吉事**	**宜** 祭祀、祈福、出行、納采、問名、嫁娶、移徙、解除、修造動土、豎柱上樑、破土、安葬	**宜** 祭祀 **忌** 出行、納采、問名、嫁娶、移徙	**宜** 祭祀 **忌** 祈福、出行、安床、解除、修造動土、豎柱上樑	**宜** 出行、納采、問名、嫁娶、移徙、修造動土、豎柱上樑、開市、立券、交易、納財、破土、安葬、入宅 **忌** 解除	**宜** 嫁娶、解除 **忌** 出行、開市、立券、交易、納財
	占門床 外正南	占碓磨 外正南	廚灶廁 外西南	倉庫爐 外西南	房床門 外西南	門碓栖 外西南
	沖豬 40歲 煞東	沖鼠 39歲 煞北	沖牛 38歲 煞西	沖虎 37歲 煞南	沖兔 36歲 煞東	沖龍 35歲 煞北

22	23	24	25	26
日期星	一期星	二期星	三期星	四期星
月德合	天德合		刀砧日	神農大帝聖誕 刀砧日 勿探病
廿二	廿三	廿四	廿五	廿六
乙亥	丙子	丁丑	戊寅	己卯
火	水	水	土	土
破	危	成	收	開
宜	宜	宜	★	宜
宜 祭祀、解除 **忌** 祈福、出行、納采、問名、嫁娶、移徙、安床、修造動土、豎柱上樑、開市、立券、交易、納財、破土、安葬、啟攢	**宜** 祭祀、祈福、出行、移徙、安床、解除、修造動土、豎柱上樑、入宅 **忌** 納采、問名、嫁娶、安葬	**宜** 出行、納采、問名、修造動土、豎柱上樑、開市、立券、交易、納財 **忌** 嫁娶、移徙	**忌** 祭祀、祈福、出行、納采、問名、嫁娶、移徙、安床、解除、修造動土、豎柱上樑、開市、立券、交易、納財、破土、安葬、啟攢	**宜** 祭祀 **忌** 修造動土、破土、安葬、啟攢
碓磨床 外西南	廚灶碓 外西南	倉庫廁 外正西	房床爐 外正西	占大門 外正西
沖蛇 34歲 煞西	沖馬 33歲 煞南	沖羊 32歲 煞東	沖猴 31歲 煞北	沖雞 30歲 煞西

壬寅年每日宜忌

31	30	29	28	27
星期二	星期一	星期日	星期六	星期五
		勿探病	天德	范五王爺千秋 月德
初二	五月	廿九	廿八	廿七
甲申	癸未	壬午	辛巳	庚辰
水	木	木	金	金
平	滿	除	建	閉
宜	宜	宜	★	宜
宜 祭祀 **忌** 祈福、出行、安床、解除、修造動土、豎柱上樑	**宜** 祭祀 **忌** 祈福、出行、納采、問名、嫁娶、移徙、安床、解除、修造動土、豎柱上樑、開市、立券、交易、納財、破土、安葬、啟攢	**宜** 祭祀、祈福、出行、解除、破土、安葬、入宅	**日逢受死日，不宜諸吉事**	**宜** 祭祀、入宅 **忌** 祈福、出行、納采、問名、嫁娶、移徙、安床、解除、修造動土、豎柱上樑、開市、立券、交易、納財、破土、安葬、啟攢
占門爐 外西北	房床廁 外西北	倉庫碓 外西北	廚灶床 外正西	碓磨栖 外正西
沖虎 25歲 煞南	沖牛 26歲 煞西	沖鼠 27歲 煞北	沖豬 28歲 煞東	沖狗 29歲 煞南

二〇二二年 國曆六月小	1	2	3	4	5
	三期星	四期星	五期星	六期星	日期星
	月德合	天德合	端午節	清水祖師成道日	巧聖先師聖誕
農曆五月 丙午 蒲月 煞北方 —— 端陽有雨是豐年，芒種聞雷美亦然 夏至風從西北起，瓜蔬園內受熬煎	初三	初四	初五	初六	初七
	乙酉	丙戌	丁亥	戊子	己丑
	水	土	土	火	火
	定	執	破	危	成
	宜	宜	★	宜	宜
	宜祭祀、祈福、出行、納采、問名、嫁娶、移徙、解除、修造動土、豎柱上樑、開市、立券、交易、納財、破土、安葬、入宅	**宜**祭祀、祈福、入宅 **忌**出行、納采、問名、嫁娶、移徙、安床、解除、修造動土、豎柱上樑、開市、立券、交易、破土、安葬、啟攢	**忌**祈福、出行、納采、問名、嫁娶、移徙、安床、修造動土、豎柱上樑、開市、立券、交易、納財、破土、安葬、啟攢	**宜**祭祀、入宅 **忌**祈福、出行、納采、問名、嫁娶、移徙、安床、解除、修造動土、豎柱上樑、開市、立券、交易、納財	**宜**祭祀、祈福、出行、納采、問名、解除、修造動土、豎柱上樑、開市、立券、交易、納財 **忌**嫁娶、移徙
每日胎神占方	碓磨門外西北	廚灶栖外西北	倉庫床外西北	房床碓外正北	占門廁外正北
每日沖煞年齡	沖兔24歲煞東	沖龍23歲煞北	沖蛇22歲煞西	沖馬21歲煞南	沖羊20歲煞東

壬寅年每日宜忌

6	芒種	7	8	9	10
一期星		二期星	三期星	四期星	五期星
刀砧日		月德合 刀砧日		天下都城 隍千秋	天赦日
初八	子時 00時26分	初九	初十	十一	十二
庚寅		辛卯	壬辰	癸巳	甲午
木		木	水	水	金
成收		收	開	閉	建
宜		宜	宜	宜	宜
宜出行、納采、問名、嫁娶、修造動土、豎柱上樑、開市、立券、交易、納財、破土、啟攢 **忌**祭祀、移徙	**斗指巳為芒種，此時可有種芒之穀，過此即失效，故名芒種。** **節氣諺語：芒種蝶仔討無食。** 指芒種前後，百花花期已過，蝴蝶無花粉可採。	**宜**祭祀 **忌**出行、嫁娶、移徙	**宜**祭祀、祈福、出行、納采、問名、移徙、解除、修造動土、豎柱上樑、入宅 **忌**開市、立券、交易、納財	**宜**入宅 **忌**祈福、出行、納采、問名、嫁娶、移徙、安床、解除、修造動土、豎柱上樑、開市、破土、安葬、啟攢	**宜**祭祀 **忌**祈福、出行、納采、問名、嫁娶、移徙、安床、解除、修造動土、豎柱上樑、開市、立券、交易、納財、破土、安葬、啟攢
碓磨爐 外正北		廚灶門 外正北	倉庫栖 外正北	占房床 房內北	占門碓 房內北
沖猴 19歲 煞北		沖雞 18歲 煞西	沖狗 17歲 煞南	沖豬 16歲 煞東	沖鼠 15歲 煞北

壬寅年每日宜忌

11	12	13	14	15	16
六期星	日期星	一期星	二期星	三期星	四期星
霞海城隍千秋	月德			蕭府王爺千秋	張天師聖誕
十三	十四	十五	十六	十七	十八
乙未	丙申	丁酉	戊戌	己亥	庚子
金	火	火	木	木	土
除	滿	平	定	執	破
宜	宜	★	宜	宜	★
宜 出行、嫁娶、解除、立券、交易、納財、安葬、入宅	**宜** 祭祀、祈福、出行、納采、問名、嫁娶、移徙、解除、修造動土、豎柱上樑、開市、立券、交易、納財、破土、安葬、入宅 **忌** 安床	**忌** 祈福、出行、納采、問名、嫁娶、移徙、安床、解除、修造動土、豎柱上樑、開市、立券、交易、納財、破土、安葬、啟攢	**宜** 祭祀、祈福、出行、納采、問名、嫁娶、移徙、修造動土、豎柱上樑、立券、交易、納財、入宅 **忌** 解除	**宜** 祭祀 **忌** 祈福、出行、納采、問名、嫁娶、移徙、安床、解除、修造動土、豎柱上樑、開市、立券、交易、納財、破土、安葬、啟攢	**日逢受死日，不宜諸吉事**
碓磨廁 房內北	廚灶爐 房內北	倉庫門 房內北	房床栖 房內南	占門床 房內南	占碓磨 房內南
沖牛 14歲 煞西	沖虎 13歲 煞南	沖兔 12歲 煞東	沖龍 11歲 煞北	沖蛇 10歲 煞西	沖馬 9歲 煞南

壬寅年每日宜忌

夏至	21	20	19	18	17
	星期二	星期一	星期日	星期六	星期五
			刀砧日	刀砧日 勿探病	月德合
酉時 17時14分	廿三	廿二	廿一	二十	十九
	乙巳	甲辰	癸卯	壬寅	辛丑
	火	火	金	金	土
	閉	開	收	成	危
	★	宜	宜	宜	宜
斗指乙為夏至，萬物於此皆長大而極至，時夏將至，故名。 節氣諺語：夏至，風颱就出世。 指夏至後，台灣就開始進入颱風季節。	**忌** 祈福、出行、納采、問名、嫁娶、移徙、安床、解除、修造動土、豎柱上樑、開市、破土、安葬、啟攢	**宜** 祭祀、祈福、出行、納采、問名、移徙、解除、豎柱上樑、入宅 **忌** 修造動土、開市、立券、交易、納財、破土	**宜** 祭祀 **忌** 祈福、出行、納采、問名、嫁娶、移徙、安床、解除、修造動土、豎柱上樑、開市、立券、交易、納財、破土、安葬、啟攢	**宜** 出行、納采、問名、嫁娶、修造動土、豎柱上樑、開市、立券、交易、納財、破土、啟攢 **忌** 祭祀、移徙	**宜** 祭祀
	碓磨床 房內東	門雞栖 房內東	房床門 房內南	倉庫爐 房內南	廚灶廁 房內南
	沖豬 4歲 煞東	沖狗 5歲 煞南	沖雞 6歲 煞西	沖猴 7歲 煞北	沖羊 8歲 煞東

26	25	24	23	22
星期日	星期六	星期五	星期四	星期三
				月德
廿八	**廿七**	**廿六**	**廿五**	**廿四**
庚戌	己酉	戊申	丁未	丙午
金	土	土	水	水
定	平	滿	除	建
宜	**宜**	**宜**	**宜**	★
宜祭祀、祈福、出行、納采、問名、嫁娶、修造動土、豎柱上樑、立券、交易、納財、入宅 **忌**解除	**宜**祭祀 **忌**祈福、出行、納采、問名、嫁娶、移徙、安床、解除、修造動土、豎柱上樑、開市、立券、交易、納財、破土、安葬、啟攢	**宜**祭祀、祈福、出行、嫁娶、移徙、解除、修造動土、豎柱上樑、開市、納財、入宅 **忌**納采、問名、安床、立券、交易	**宜**祭祀、祈福、出行、納采、問名、嫁娶、移徙、安床、解除、修造動土、豎柱上樑、開市、立券、交易、納財、入宅	**諸事不宜**
碓磨棲 外東北	占大門 外東北	房床爐 房內東	倉庫廁 房內東	廚灶碓 房內東
沖龍 59歲 煞北	沖兔 60歲 煞東	沖虎 1歲 煞南	沖牛 2歲 煞西	沖鼠 3歲 煞北

壬寅年每日宜忌

30	29	28	27
四期星	三期星	二期星	一期星
刀砧日 勿探病			月德合
初二	六月	三十	廿九
甲寅	癸丑	壬子	辛亥
水	木	木	金
成	危	破	執
宜	宜	★	宜
宜出行、修造動土、豎柱上樑、開市、立券、交易、納財、破土、安葬、啟攢 **忌**祭祀、納采、問名、嫁娶、移徙	**宜**祭祀 **忌**祈福、出行、納采、問名、嫁娶、移徙、安床、解除、修造動土、豎柱上樑、開市、立券、交易、納財、破土、安葬、啟攢	**日逢受死日，不宜諸吉事**	**宜**祭祀、入宅 **忌**嫁娶、開市、立券、交易、納財
占門爐 外東北	房床廁 外東北	倉庫碓 外北	廚灶床 外東北
沖猴 55歲 煞北	沖羊 56歲 煞東	沖馬 57歲 煞南	沖蛇 58歲 煞西

二〇二二年 國曆七月大	1	2	3	4	5
	五期星	六期星	日期星	一期星	二期星
	韋陀尊者聖誕 刀砧日 勿探病	月德			
農曆六月 丁未 巧月 煞南方 小暑之中逢酷熱，五穀田中多不結 大暑若不見災厄，定主三冬多雨雪	初三	初四	初五	初六	初七
	乙卯	丙辰	丁巳	戊午	己未
	水	土	土	火	火
	收	開	閉	建	除
	宜	宜	★	★	宜
	宜 祭祀 **忌** 祈福、出行、納采、問名、嫁娶、移徙、安床、解除、修造動土、豎柱上樑、開市、立券、交易、納財、破土、安葬、啟攢	**宜** 祭祀、祈福、出行、納采、問名、嫁娶、移徙、解除、修造動土、豎柱上樑、開市、納財、入宅	**忌** 祈福、出行、納采、問名、嫁娶、移徙、安床、解除、修造動土、豎柱上樑、開市、破土、安葬、啟攢	**諸事不宜**	**宜** 祭祀、祈福、出行、移徙、解除、修造動土、豎柱上樑、立券、交易、納財、安葬、入宅 **忌** 納采、問名、嫁娶
每日胎神占方	碓磨門 外正東	廚灶棲 外正東	倉庫床 外正東	房床碓 外正東	占門廁 外正東
每日沖煞年齡	沖雞 54歲 煞西	沖狗 53歲 煞南	沖豬 52歲 煞東	沖鼠 51歲 煞北	沖牛 50歲 煞西

壬寅年每日宜忌

6	7	小暑	8	9
三期星	四期星		五期星	六期星
				田都元帥千秋
初八	初九	巳時 10時38分	初十	十一
庚申	辛酉		壬戌	癸亥
木	木		水	水
滿	滿平		平	定
宜	宜		★	★
宜祭祀、祈福、出行、移徙、解除、開市、納財、破土、安葬、入宅 **忌**納采、問名、嫁娶、安床、立券、交易	**宜**祭祀 **忌**祈福、出行、納采、問名、嫁娶、移徙、安床、解除、修造動土、豎柱上樑、開市、立券、交易、納財、破土、安葬、啟攢	**斗指辛為小暑，斯時天氣已熱，尚未達於極點，故名小暑。** 節氣諺語：小暑過，一日熱三分。指小暑過後，天氣會一天比一天熱。	**諸事不宜**	**忌**祈福、出行、納采、問名、嫁娶、移徙、安床、解除、修造動土、豎柱上樑、開市、立券、交易、納財、破土、安葬、啟攢
碓磨爐外東南	廚灶門外東南		倉庫棲外東南	占房床外東南
沖虎49歲煞南	沖兔48歲煞東		沖龍47歲煞北	沖蛇46歲煞西

壬寅年每日宜忌

10	11	12	13	14	15
日期星	**一期星**	**二期星**	**三期星**	**四期星**	**五期星**
天德 月德		刀砧日	先天王靈官聖誕 刀砧日		天德合 月德合
十二	**十三**	**十四**	**十五**	**十六**	**十七**
甲子	乙丑	丙寅	丁卯	戊辰	己巳
金	金	火	火	木	木
執	破	危	成	收	開
宜	★	**宜**	**宜**	**宜**	**宜**
宜祭祀、祈福、出行、納采、問名、嫁娶、解除、修造動土、豎柱上樑、安葬 **忌**移徙	**諸事不宜**	**宜**開市、立券、交易、納財、破土、安葬、啟攢、入宅 **忌**祭祀、祈福、解除	**宜**出行、納采、問名、嫁娶、移徙、修造動土、豎柱上樑、開市、立券、交易、納財、破土、啟攢、入宅	**宜**祭祀、納財 **忌**祈福、出行、納采、問名、嫁娶、移徙、安床、解除、修造動土、豎柱上樑、開市、立券、交易、破土、安葬、啟攢	**宜**祭祀、入宅 **忌**祈福、出行、納采、問名、嫁娶、移徙、安床、解除、修造動土、豎柱上樑、開市、立券、交易、納財、破土、安葬、啟攢
占門碓 外東南	碓磨廁 外東南	廚灶爐 外正南	倉庫門 外正南	房床栖 外正南	占門床 外正南
沖馬 45歲 煞南	沖羊 44歲 煞東	沖猴 43歲 煞北	沖雞 42歲 煞西	沖狗 41歲 煞南	沖豬 40歲 煞東

壬寅年每日宜忌

21	20	19	18	17	16
四期星	**三期星**	**二期星**	**一期星**	**日期星**	**六期星**
	天德 月德			觀世音菩薩成道日	勿探病 初伏
廿三	**廿二**	**廿一**	**二十**	**十九**	**十八**
乙亥	甲戌	癸酉	壬申	辛未	庚午
火	火	金	金	土	土
定	平	滿	除	建	閉
宜	**宜**	**宜**	**宜**	**宜**	★
宜納采、問名、修造動土、豎柱上樑、立券、交易、納財、入宅 **忌**嫁娶、解除、破土、安葬、啟攢	**宜**祭祀 **忌**祈福、出行、納采、問名、嫁娶、移徙、安床、解除、修造動土、豎柱上樑、開市、立券、交易、納財、破土、安葬、啟攢	**宜**祭祀 **忌**祈福、出行、納采、問名、嫁娶、移徙、安床、解除、修造動土、豎柱上樑、開市、立券、交易、納財、破土、安葬、啟攢	**宜**祭祀 **忌**出行、納采、問名、移徙、安床、修造動土、豎柱上樑、開市、立券、交易、納財	**宜**祭祀、祈福、出行、納采、問名、移徙、解除、豎柱上樑、納財、入宅 **忌**修造動土、破土	**日逢受死日，不宜諸吉事**
碓磨床 外西南	門碓棲 外西南	房床門 外西南	倉庫爐 外西南	廚灶廁 外西南	占碓磨 外正南
沖蛇 34歲 煞西	沖龍 35歲 煞北	沖兔 36歲 煞東	沖虎 37歲 煞南	沖牛 38歲 煞西	沖鼠 39歲 煞北

22	23	大暑	24	25
五期星	六期星		日期星	一期星
關聖帝君聖誕			刀砧日	天德合 月德合 刀砧日 勿探病
廿四	廿五	寅時 04時07分	廿六	廿七
丙子	丁丑		戊寅	己卯
水	水		土	土
執	破		危	成
★	★		宜	宜
忌祈福、出行、納采、問名、嫁娶、移徙、安床、解除、修造動土、豎柱上樑、開市、立券、交易、納財、破土、安葬、啟攢	**諸事不宜**	**斗指丙為大暑，斯時天氣甚熱於小暑，故名大暑。節氣諺語：大暑熱不透，大水風颱到。**大暑這天如果天氣不熱，表氣候不順，容易有水災、颱風等災害。	**宜**出行、納采、問名、移徙、安床、修造動土、豎柱上樑、開市、立券、交易、納財、入宅 **忌**祭祀、祈福、解除	**宜**祭祀、祈福、出行、納采、問名、嫁娶、移徙、安床、解除、修造動土、豎柱上樑、開市、立券、交易、納財、入宅
廚灶碓 外西南	倉庫廁 外正西		房床爐 外正西	占大門 外正西
沖馬 33歲 煞南	沖羊 32歲 煞東		沖猴 31歲 煞北	沖雞 30歲 煞西

壬寅年每日宜忌

31	30	29	28	27	26
星期日	星期六	星期五	星期四	星期三	星期二
	天德 月德		勿探病		中伏
初三	初二	七月	三十	廿九	廿八
乙酉	甲申	癸未	壬午	辛巳	庚辰
水	水	木	木	金	金
滿	除	建	閉	開	收
宜	宜	宜	★	宜	宜
宜祭祀 **忌**祈福、出行、納采、問名、嫁娶、移徙、安床、解除、修造動土、豎柱上樑、開市、立券、交易、納財、破土、安葬、啟攢	**宜**祭祀、祈福、納采、問名、嫁娶、移徙、解除、修造動土、豎柱上樑、破土、安葬、入宅 **忌**出行、安床	**宜**祭祀、出行、嫁娶 **忌**祈福、納采、問名、解除、修造動土、豎柱上樑、破土、安葬、啟攢	**日逢受死日，不宜諸吉事**	**宜**祭祀 **忌**祈福、出行、納采、問名、嫁娶、移徙、安床、解除、修造動土、豎柱上樑、開市、立券、交易、納財、破土、安葬、啟攢	**宜**祭祀、納財 **忌**祈福、出行、納采、問名、嫁娶、移徙、安床、解除、修造動土、豎柱上樑、開市、立券、交易、破土、安葬、啟攢
碓磨門 外西北	占門爐 外西北	房床廁 外西北	倉庫碓 外西北	廚灶床 外正西	碓磨栖 外正西
沖兔24歲煞東	沖虎25歲煞南	沖牛26歲煞西	沖鼠27歲煞北	沖豬28歲煞東	沖狗29歲煞南

二〇二二年 國曆八月大	1	2	3	4	5
	星期一	星期二	星期三	星期四	星期五
				七星娘娘 千秋 天德合 月德合	刀砧日
農曆七月 戊申 巧月 煞南方 立秋無雨是堪憂，萬物從來只半收 處暑若逢天下雨，縱然結實也難留	初四	初五	初六	初七	初八
	丙戌	丁亥	戊子	己丑	庚寅
	土	土	火	火	木
	平	定	執	破	危
	★	宜	宜	宜	宜
	諸事不宜	**宜** 修造動土、豎柱上樑、入宅 **忌** 納采、問名、嫁娶、解除、開市、立券、交易、納財、破土、安葬、啟攢	**宜** 祭祀 **忌** 祈福、出行、納采、問名、嫁娶、移徙、安床、解除、修造動土、豎柱上樑、開市、立券、交易、納財、破土、安葬、啟攢	**宜** 祭祀 **忌** 祈福、出行、納采、問名、嫁娶、移徙、安床、解除、修造動土、豎柱上樑、開市、立券、交易、納財、破土、安葬、啟攢	**宜** 安床、開市、立券、交易、納財、破土、啟攢 **忌** 祭祀、祈福、解除
每日胎神占方	廚灶栖 外西北	倉庫床 外西北	房床碓 外正北	占門廁 外正北	碓磨爐 外正北
每日沖煞年齡	沖龍 23歲 煞北	沖蛇 22歲 煞西	沖馬 21歲 煞南	沖羊 20歲 煞東	沖猴 19歲 煞北

6	7	立秋	8	9	10
六期星	日期星		一期星	二期星	三期星
刀砧日	月德		天德 刀砧日	刀砧日	大勢至菩薩聖誕
初九	初十	戌時 20時29分	十一	十二	十三
辛卯	壬辰		癸巳	甲午	乙未
木	水		水	金	金
成	成收		收	開	閉
宜	宜		宜	宜	★
宜祭祀、祈福、出行、納采、問名、嫁娶、移徙、安床、解除、修造動土、豎柱上樑、開市、立券、交易、納財、破土、啟攢、入宅	**宜**祭祀、祈福、解除、修造動土、豎柱上樑、開市、立券、交易、納財、安葬 **忌**出行、納采、問名、嫁娶、移徙	**斗指西南維為立秋，陰意出地始殺萬物，按秋訓禾，穀熟。** **節氣諺語：六月秋，快溜溜，七月秋，秋後油。** 指如果立秋在農曆六月，漁業作業期會提早結束，如果落在七月，表示天氣穩定，漁業會較晚結束。	**宜**祭祀、祈福、納采、問名、嫁娶、移徙、解除、修造動土、豎柱上樑、開市、立券、交易、納財、入宅 **忌**出行	**宜**祭祀 **忌**納采、問名、安床	**諸事不宜**
廚灶門外正北	倉庫栖外正北		占房床房內北	占門碓房內北	碓磨廁房內北
沖雞18歲煞西	沖狗17歲煞南		沖豬16歲煞東	沖鼠15歲煞北	沖牛14歲煞西

壬寅年每日宜忌

11	12	13	14	15
四期星	五期星	六期星	日期星	一期星
	地官聖誕 月德合	天德合		瑤池金母 聖誕 末伏
十四	十五	十六	十七	十八
丙申	丁酉	戊戌	己亥	庚子
火	火	木	木	土
建	除	滿	平	定
宜	宜	宜	宜	宜
宜出行、納財 **忌**祈福、納采、問名、安床、解除、修造動土、豎柱上樑、立券、交易、破土、安葬、啟攢	**宜**祭祀、祈福、納采、問名、解除、修造動土、豎柱上樑、破土、安葬 **忌**出行、嫁娶、移徙	**宜**出行、納采、問名、嫁娶、移徙、解除、修造動土、豎柱上樑、開市、立券、交易、納財、安葬 **忌**祭祀	**宜**祭祀 **忌**祈福、出行、納采、問名、嫁娶、移徙、安床、解除、修造動土、豎柱上樑、開市、立券、交易、納財、破土、安葬、啟攢	**宜**祭祀、祈福、出行、移徙、修造動土、豎柱上樑、開市、立券、交易、納財、入宅 **忌**納采、問名、嫁娶、解除、破土、安葬、啟攢
廚灶爐 房內北	倉庫門 房內北	房床栖 房內南	占門床 房內南	占碓磨 房內南
沖虎 13歲 煞南	沖兔 12歲 煞東	沖龍 11歲 煞北	沖蛇 10歲 煞西	沖馬 9歲 煞南

壬寅年每日宜忌

21	20	19	18	17	16
星期日	星期六	星期五	星期四	星期三	星期二
延平郡王千秋 刀砧日	諸葛武侯千秋 刀砧日		天德	月德 勿探病	值年太歲星君千秋
廿四	廿三	廿二	廿一	二十	十九
丙午	乙巳	甲辰	癸卯	壬寅	辛丑
水	火	火	金	金	土
開	收	成	危	破	執
宜	宜	宜	宜	★	★
宜 祭祀 **忌** 納采、問名、嫁娶	**宜** 嫁娶、開市、立券、交易、納財 **忌** 出行	**宜** 祭祀、入宅 **忌** 祈福、出行、納采、問名、嫁娶、移徙、安床、解除、修造動土、豎柱上樑、開市、立券、交易、納財、破土、安葬、啟攢	**宜** 祭祀、祈福、出行、納采、問名、嫁娶、移徙、安床、解除、豎柱上樑、立券、交易、納財、安葬、啟攢、入宅 **忌** 修造動土、破土	**忌** 祭祀、祈福、出行、納采、問名、嫁娶、移徙、安床、解除、修造動土、豎柱上樑、開市、立券、交易、納財、破土、安葬、啟攢	**日逢受死日，不宜諸吉事**
廚灶碓 房內東	碓磨床 房內東	門雞栖 房內東	房床門 房內南	倉庫爐 房內南	廚灶廁 房內南
沖鼠 3歲 煞北	沖豬 4歲 煞東	沖狗 5歲 煞南	沖雞 6歲 煞西	沖猴 7歲 煞北	沖羊 8歲 煞東

22	23	處暑	24	25
一期星	二期星		三期星	四期星
月德合	天德合 天赦日			
廿五	廿六	午時 11時16分	廿七	廿八
丁未	戊申		己酉	庚戌
水	土		土	金
閉	建		除	滿
宜	宜		宜	★
宜祭祀 **忌**祈福、出行、納采、問名、嫁娶、移徙、安床、解除、修造動土、豎柱上樑、開市、立券、交易、納財、破土、安葬、啟攢	**宜**祭祀、祈福、出行、納采、問名、嫁娶、移徙、解除、豎柱上樑、納財、安葬	**斗指戊為處暑，暑將退，伏而潛處，故名。** **節氣諺語：處暑，會曝死老鼠。** 指雖然已經進入秋天，但此時天氣還是會酷熱，所謂的秋老虎。	**宜**解除、破土、安葬 **忌**出行、納采、問名、嫁娶、移徙、立券、交易	**忌**祭祀、納采、問名、嫁娶、開市、立券、交易、納財、破土、安葬、啟攢
倉庫廁 房內東	房床爐 房內東		占大門 外東北	碓磨栖 外東北
沖牛 2歲 煞西	沖虎 1歲 煞南		沖兔 60歲 煞東	沖龍 59歲 煞北

壬寅年每日宜忌

26	27	28	29	30	31
五期星	六期星	日期星	一期星	二期星	三期星
地藏王菩薩聖誕	月德	天德	北斗星君聖誕 勿探病	勿探病	雷聲普化天尊聖誕
廿九	**八月**	**初二**	**初三**	**初四**	**初五**
辛亥	壬子	癸丑	甲寅	乙卯	丙辰
金	木	木	水	水	土
平	定	執	破	危	成
宜	**宜**	★	★	★	**宜**
宜祭祀 **忌**祈福、出行、納采、問名、嫁娶、移徙、安床、解除、修造動土、豎柱上樑、開市、立券、交易、納財、破土、安葬、啟攢	**宜**祭祀、祈福、出行、納采、問名、嫁娶、移徙、解除、修造動土、豎柱上樑、開市、立券、交易、納財、破土、安葬、啟攢、入宅	**日逢受死日，不宜諸吉事**	**諸事不宜**	**諸事不宜**	**宜**祭祀、入宅 **忌**祈福、出行、納采、問名、嫁娶、移徙、安床、解除、修造動土、豎柱上樑、開市、立券、交易、納財、破土、安葬、啟攢
廚灶床 外東北	倉庫碓 外東北	房床廁 外東北	占門爐 外東北	碓磨門 外正東	廚灶栖 外正東
沖蛇58歲煞西	沖馬57歲煞南	沖羊56歲煞東	沖猴55歲煞北	沖雞54歲煞西	沖狗53歲煞南

二〇二二年 國曆九月小	1	2	3	4	5
	星期四	星期五	星期六	星期日	星期一
	月德合 刀砧日	天德合 刀砧日			
農曆八月 己酉 桂月 煞東方 秋分天氣白雲多，處處歡歌好晚禾 只怕此時雷電閃，冬來米價到如何	初六	初七	初八	初九	初十
	丁巳	戊午	己未	庚申	辛酉
	土	火	火	木	木
	收	開	閉	建	除
	宜	宜	★	宜	宜
	宜祭祀、祈福、納采、問名、嫁娶、移徙、解除 **忌**出行、修造動土、破土	**宜**祭祀、祈福、出行、納采、問名、嫁娶、移徙、解除、修造動土、豎柱上樑、開市	**諸事不宜**	**宜**出行、納財 **忌**祈福、納采、問名、嫁娶、安床、解除、修造動土、豎柱上樑、立券、交易、破土、安葬、啟攢	**宜**解除、破土、安葬 **忌**出行、納采、問名、嫁娶、移徙、立券、交易
每日胎神占方	倉庫床 外正東	房床碓 外正東	占門廁 外正東	碓磨爐 外東南	廚灶門 外東南
每日沖煞年齡	沖豬 52歲 煞東	沖鼠 51歲 煞北	沖牛 50歲 煞西	沖虎 49歲 煞南	沖兔 48歲 煞東

壬寅年每日宜忌

6	7	白露	8	9	10
星期二	星期三		星期四	星期五	星期六
月德				月德合	中秋節 臨水夫人 千秋
十一	十二	子時 23時32分	十三	十四	十五
壬戌	癸亥		甲子	乙丑	丙寅
水	水		金	金	火
滿	滿平		平	定	執
宜	宜		宜	宜	★
宜出行、納采、問名、嫁娶、移徙、修造動土、豎柱上樑、開市、立券、交易、納財、安葬、入宅 **忌**祭祀	**宜**祭祀、解除 **忌**嫁娶、破土、安葬、啟攢	**斗指癸為白露，陰氣漸重，露凝而白，故名白露。節氣諺語：白露水，卡毒鬼。** 白露雨水性毒，一方面也指天氣變冷，露水冷冽，不利作物生長。	**宜**祭祀 **忌**祈福、出行、納采、問名、嫁娶、移徙、安床、解除、修造動土、豎柱上樑、開市、立券、交易、納財、破土、安葬、啟攢	**宜**祭祀、祈福、出行、納采、問名、嫁娶、移徙、解除、修造動土、豎柱上樑、立券、交易、納財、安葬、入宅	**忌**祭祀、祈福、出行、納采、問名、嫁娶、移徙、安床、解除、修造動土、豎柱上樑、開市、立券、交易、納財、破土、安葬、啟攢
倉庫栖 外東南	占房床 外東南		占門碓 外東南	碓磨廁 外東南	廚灶爐 外正南
沖龍 47歲 煞北	沖蛇 46歲 煞西		沖馬 45歲 煞南	沖羊 44歲 煞東	沖猴 43歲 煞北

壬寅年每日宜忌

16	15	14	13	12	11
五期星	**四期星**	**三期星**	**二期星**	**一期星**	**日期星**
		月德 刀砧日 勿探病	九天玄女 千秋 刀砧日		
廿一	**二十**	**十九**	**十八**	**十七**	**十六**
壬申	辛未	庚午	己巳	戊辰	丁卯
金	土	土	木	木	火
閉	開	收	成	危	破
宜	★	**宜**	**宜**	**宜**	★
宜祭祀、納財、破土、安葬 **忌**祈福、出行、納采、問名、嫁娶、移徙、安床、解除、修造動土、豎柱上樑、開市、立券、交易	**日逢受死日，不宜諸吉事**	**宜**祭祀 **忌**出行	**宜**祭祀、祈福、納采、問名、嫁娶、移徙、修造動土、豎柱上樑、開市、立券、交易、納財、入宅 **忌**出行、破土、安葬、啟攢	**宜**入宅 **忌**祈福、出行、納采、問名、嫁娶、移徙、安床、解除、修造動土、豎柱上樑	**諸事不宜**
倉庫爐 外西南	廚灶廁 外西南	占碓磨 外正南	占門床 外正南	房床栖 外正南	倉庫門 外正南
沖虎 37歲 煞南	沖牛 38歲 煞西	沖鼠 39歲 煞北	沖豬 40歲 煞東	沖狗 41歲 煞南	沖雞 42歲 煞西

壬寅年每日宜忌

21	20	19	18	17
三期星	二期星	一期星	日期星	六期星
		月德合		廣澤尊王聖誕
廿六	廿五	廿四	廿三	廿二
丑丁	子丙	亥乙	戌甲	酉癸
水	水	火	火	金
定	平	滿	除	建
宜	宜	宜	宜	宜
宜納采、問名、嫁娶、修造動土、豎柱上樑、立券、交易、納財、入宅 **忌**解除	**宜**祭祀 **忌**祈福、出行、納采、問名、嫁娶、移徙、安床、解除、修造動土、豎柱上樑、開市、立券、交易、納財、破土、安葬、啟攢	**宜**祭祀、祈福、出行、納采、問名、移徙、解除、修造動土、豎柱上樑、開市、立券、交易、納財、入宅 **忌**嫁娶	**宜**祭祀、出行、解除 **忌**祈福、納采、問名、嫁娶、開市、立券、交易、納財、破土、安葬、啟攢	**宜**祭祀 **忌**祈福、出行、納采、問名、嫁娶、移徙、安床、解除、修造動土、豎柱上樑、開市、立券、交易、納財、破土、安葬、啟攢
倉庫廁 外正西	廚灶碓 外西南	碓磨床 外西南	門碓栖 外西南	房床門 外西南
沖羊 32歲 煞東	沖馬 33歲 煞南	沖蛇 34歲 煞西	沖龍 35歲 煞北	沖兔 36歲 煞東

22	23	秋分	24	25
星期四	星期五		星期六	星期日
秋社日	勿探病		月德	刀砧日
廿七	廿八	巳時 09時04分	廿九	三十
戊寅	己卯		庚辰	辛巳
土	土		金	金
執	破		危	成
★	★		宜	宜
忌祭祀、祈福、出行、納采、問名、嫁娶、移徙、安床、解除、修造動土、豎柱上樑、開市、立券、交易、納財、破土、安葬、啟攢	**諸事不宜**	**斗指己為秋分，南北兩半球晝夜均分，又適當秋之半，故名。** **節氣諺語：月半看田頭。** 指這時期稻作生長的好壞已可以看見。	**宜**祭祀、祈福、出行、納采、問名、嫁娶、移徙、安床、解除、修造動土、豎柱上樑、開市、立券、交易、納財、安葬、入宅	**宜**祭祀、祈福、納采、問名、嫁娶、移徙、修造動土、豎柱上樑、開市、立券、交易、納財、入宅 **忌**出行、破土、安葬、啟攢
房床爐 外正西	占大門 外正西		碓磨栖 外正西	廚灶床 外正西
沖猴 31歲 煞北	沖雞 30歲 煞西		沖狗 29歲 煞南	沖豬 28歲 煞東

壬寅年每日宜忌

30	29	28	27	26
五期星	四期星	三期星	二期星	一期星
	月德合			刀砧日 勿探病
初五	初四	初三	初二	九月
丙戌	乙酉	甲申	癸未	壬午
土	水	水	木	木
除	建	閉	開	收
宜	宜	宜	★	宜
宜 祭祀、出行、解除 **忌** 祈福、納采、問名、嫁娶、開市、立券、交易、納財、破土、安葬、啟攢	**宜** 祭祀 **忌** 修造動土、破土	**宜** 祭祀、納財、破土、安葬 **忌** 祈福、出行、納采、問名、嫁娶、移徙、安床、解除、修造動土、豎柱上樑、開市、立券、交易	**日逢受死日，不宜諸吉事**	**宜** 祭祀 **忌** 祈福、出行、納采、問名、嫁娶、移徙、安床、解除、修造動土、豎柱上樑、開市、立券、交易、納財、破土、安葬、啟攢
廚灶栖 外西北	碓磨門 外西北	占門爐 外西北	房床廁 外西北	倉庫碓 外西北
沖龍 23歲 煞北	沖兔 24歲 煞東	沖虎 25歲 煞南	沖牛 26歲 煞西	沖鼠 27歲 煞北

二〇二二年 國曆十月大	1	2	3	4	5
	六期星	日期星	一期星	二期星	三期星
				中壇元帥 千秋 月德	
農曆九月 庚戌 菊月 煞北方	初六	初七	初八	初九	初十
	丁亥	戊子	己丑	庚寅	辛卯
	土	火	火	木	木
	滿	平	定	執	破
	宜	宜	宜	★	★
寒露飛霜侵損民，重陽無雨一冬晴 霜降火色人多病，更遇雷聲菜價增	**宜**祭祀、祈福、出行、移徙、開市、立券、交易、納財 **忌**納采、問名、嫁娶、破土、安葬、啟攢	**宜**祭祀 **忌**祈福、出行、納采、問名、嫁娶、移徙、安床、解除、修造動土、豎柱上樑、開市、立券、交易、納財、破土、安葬、啟攢	**宜**納采、問名、嫁娶、修造動土、豎柱上樑、立券、交易、納財、入宅 **忌**解除	**忌**祭祀、移徙、開市、立券、交易、納財	**諸事不宜**
每日胎神占方	倉庫床 外西北	房床碓 外正北	占門廁 外正北	碓磨爐 外正北	廚灶門 外正北
每日沖煞年齡	沖蛇 22歲 煞西	沖馬 21歲 煞南	沖羊 20歲 煞東	沖猴 19歲 煞北	沖雞 18歲 煞西

壬寅年每日宜忌

9	寒露	8	7	6
星期日		星期六	星期五	星期四
		刀砧日	刀砧日	
十四	申時 15時22分	十三	十二	十一
乙未		甲午	癸巳	壬辰
金		金	水	水
收		成收	成	危
★		宜	宜	宜
忌祈福、出行、納采、問名、嫁娶、移徙、安床、解除、修造動土、豎柱上樑、開市、立券、交易、納財、破土、安葬、啟攢	**斗指甲為寒露，斯時露寒冷而將欲凝結，故名寒露。節氣諺語：白露水，寒露風。**指白露這天如果下雨，則寒露時節會容易有風災。	**宜**出行、納采、問名、嫁娶、移徙、修造動土、豎柱上樑、開市、立券、交易、納財、破土、安葬、入宅	**宜**祭祀、祈福、納采、問名、嫁娶、移徙、解除、修造動土、豎柱上樑、開市、立券、交易、納財、入宅 **忌**出行、破土、安葬、啟攢	**宜**祭祀、入宅
碓磨廁房內北		占門碓房內北	占房床房內北	倉庫栖外正北
沖牛14歲煞西		沖鼠15歲煞北	沖豬16歲煞東	沖狗17歲煞南

10	11	12	13	14	15
一期星	二期星	三期星	四期星	五期星	六期星
吳三王爺千秋 天德 月德				觀世音菩薩出家日	天德合 月德合
十五	十六	十七	十八	十九	二十
丙申	丁酉	戊戌	己亥	庚子	辛丑
火	火	木	木	土	土
開	閉	建	除	滿	平
宜	★	★	★	宜	宜
宜 祭祀、祈福、出行、納采、問名、嫁娶、移徙、解除、修造動土、豎柱上樑、開市、入宅 **忌** 安床	**忌** 祈福、出行、納采、問名、嫁娶、移徙、安床、解除、修造動土、豎柱上樑、開市、立券、交易、納財、破土、安葬、啟攢	**諸事不宜**	**忌** 祈福、問名、嫁娶、移徙、安床、修造動土、豎柱上樑、破土、安葬、啟攢	**宜** 祭祀 **忌** 祈福、出行、納采、問名、嫁娶、移徙、安床、解除、修造動土、豎柱上樑、開市、立券、交易、納財、破土、安葬、啟攢	**宜** 祭祀 **忌** 祈福、出行、納采、問名、嫁娶、移徙、安床、解除、修造動土、豎柱上樑、開市、立券、交易、納財、破土、安葬、啟攢
廚灶爐 房內北	倉庫門 房內北	房床栖 房內南	占門床 房內南	占碓磨 房內南	廚灶廁 房內南
沖虎 13歲 煞南	沖兔 12歲 煞東	沖龍 11歲 煞北	沖蛇 10歲 煞西	沖馬 9歲 煞南	沖羊 8歲 煞東

壬寅年每日宜忌

16	17	18	19	20	21
星期日	星期一	星期二	星期三	星期四	星期五
勿探病			刀砧日	天德 月德 刀砧日	
廿一	廿二	廿三	廿四	廿五	廿六
壬寅	癸卯	甲辰	乙巳	丙午	丁未
金	金	火	火	水	水
定	執	破	危	成	收
★	宜	宜	宜	宜	★
日逢受死日，不宜諸吉事	**宜**祭祀、祈福、出行、納采、問名、嫁娶、移徙、解除、修造動土、豎柱上樑、破土、安葬、啟攢、入宅 **忌**開市、立券、交易、納財	**宜**祭祀、解除 **忌**祈福、出行、納采、問名、嫁娶、移徙、安床、修造動土、豎柱上樑、開市、立券、交易、納財、破土、安葬、啟攢	**宜**祭祀、安床 **忌**祈福、出行、解除、破土、安葬、啟攢	**宜**祭祀、祈福、出行、納采、問名、嫁娶、移徙、解除、修造動土、豎柱上樑、開市、立券、交易、納財、破土、安葬、入宅	**忌**祈福、出行、納采、問名、嫁娶、移徙、安床、解除、修造動土、豎柱上樑、開市、立券、交易、納財、破土、安葬、啟攢
倉庫爐 房內南	房床門 房內南	門雞棲 房內東	碓磨床 房內東	廚灶碓 房內東	倉庫廁 房內東
沖猴 7歲 煞北	沖雞 6歲 煞西	沖狗 5歲 煞南	沖豬 4歲 煞東	沖鼠 3歲 煞北	沖牛 2歲 煞西

22	23	霜降	24	25
星期六	星期日		星期一	星期二
天赦日			藥師佛佛誕	天德合 月德合
廿七	廿八	酉時 18時36分	廿九	十月
戊申	己酉		庚戌	辛亥
土	土		金	金
開	閉		建	除
宜	★		宜	宜
宜 祭祀、祈福、出行、納采、問名、嫁娶、移徙、修造動土、豎柱上樑、開市 **忌** 安床	**忌** 祈福、出行、納采、問名、嫁娶、移徙、安床、解除、修造動土、豎柱上樑、開市、立券、交易、納財、破土、安葬、啟攢	斗指巳為霜降，氣肅，露凝結為霜而下降，故名霜降。節氣諺語：霜降，風颱走去藏。指霜降後，颱風季節也就結束了。	**宜** 祭祀、出行、移徙、納財 **忌** 祈福、納采、問名、解除、修造動土、豎柱上樑、破土、安葬、啟攢	**宜** 祭祀、祈福、出行、移徙、解除、豎柱上樑 **忌** 納采、問名、嫁娶、修造動土、開市、立券、交易、納財、破土、安葬
房床爐 房內東	占大門 外東北		碓磨栖 外東北	廚灶床 外東北
沖虎 1歲 煞南	沖兔 60歲 煞東		沖龍 59歲 煞北	沖蛇 58歲 煞西

壬寅年每日宜忌

31	30	29	28	27	26
星期一	**星期日**	**星期六**	**星期五**	**星期四**	**星期三**
刀砧日	天德 月德	達摩祖師聖誕 勿探病	勿探病		
初七	**初六**	**初五**	**初四**	**初三**	**初二**
丁巳	丙辰	乙卯	甲寅	癸丑	壬子
土	土	水	水	木	木
危	破	執	定	平	滿
宜	**宜**	**宜**	★	★	**宜**
宜 祭祀、安床 **忌** 祈福、出行、解除、破土、安葬、啟攢	**宜** 祭祀、解除 **忌** 祈福、出行、納采、問名、嫁娶、移徙、安床、修造動土、豎柱上樑、開市、立券、交易、納財、破土、安葬、啟攢	**宜** 祭祀 **忌** 祈福、出行、納采、問名、嫁娶、移徙、安床、解除、修造動土、豎柱上樑、開市、立券、交易、納財、破土、安葬、啟攢	**日逢受死日，不宜諸吉事**	**諸事不宜**	**宜** 祭祀 **忌** 祈福、出行、納采、問名、嫁娶、移徙、安床、解除、修造動土、豎柱上樑、開市、立券、交易、納財、破土、安葬、啟攢
倉庫床 外正東	廚灶栖 外正東	碓磨門 外正東	占門爐 外東北	房床廁 外東北	倉庫碓 外東北
沖豬 52歲 煞東	沖狗 53歲 煞南	沖雞 54歲 煞西	沖猴 55歲 煞北	沖羊 56歲 煞東	沖馬 57歲 煞南

壬寅年每日宜忌

二〇二二年 國曆十一月小	1	2	3	4	5	6
	星期二	星期三	星期四	星期五	星期六	星期日
	刀砧日		水仙尊王千秋	天德合 月德合		
農曆十月 辛亥 陽月 煞西方	初八	初九	初十	十一	十二	十三
	戊午	己未	庚申	辛酉	壬戌	癸亥
	火	火	木	木	水	水
	成	收	開	閉	建	除
	宜	★	宜	宜	宜	宜
立冬之日怕逢壬，來歲高田枉費心 此日更逢壬子日，災情疾病損人民	**宜**出行、納采、問名、嫁娶、移徙、修造動土、豎柱上樑、開市、立券、交易、納財、入宅 **忌**破土、安葬、啟攢	**忌**祈福、出行、納采、問名、嫁娶、移徙、安床、解除、修造動土、豎柱上樑、開市、立券、交易、納財、破土、安葬、啟攢	**宜**祭祀、祈福、出行、移徙、解除、修造動土、豎柱上樑、開市、入宅 **忌**納采、問名、嫁娶、安床、立券、交易	**宜**祭祀	**宜**祭祀、祈福、出行、納采、問名、移徙、解除、豎柱上樑、納財、入宅 **忌**修造動土、破土	**宜**祭祀 **忌**嫁娶、修造動土、破土、安葬、啟攢
每日胎神占方	房床碓外正東	占門廁外正東	碓磨爐外東南	廚灶門外東南	倉庫栖外東南	占房床外東南
每日沖煞年齡	沖鼠51歲煞北	沖牛50歲煞西	沖虎49歲煞南	沖兔48歲煞東	沖龍47歲煞北	沖蛇46歲煞西

壬寅年每日宜忌

7	立冬	8	9	10	11
一期星		二期星	三期星	四期星	五期星
月德 天赦日		水官聖誕 天德			
十四	酉時 18時45分	十五	十六	十七	十八
甲子		乙丑	丙寅	丁卯	戊辰
金		金	火	火	木
除滿		滿	平	定	執
宜		宜	宜	宜	宜
宜祭祀、祈福、出行、納采、問名、嫁娶、移徙、解除、修造動土、豎柱上樑、納財、安葬	**斗指西北維為立冬，冬者終也，立冬之時萬物終成，故名立冬。** 節氣諺語：補冬補嘴空。民俗上，立冬日要吃麻油雞等進補，儲備過冬的體力。	**宜**祭祀 **忌**出行、納采、問名、嫁娶、移徙	**宜**出行、納采、問名、嫁娶、移徙、修造動土、豎柱上樑、開市、立券、交易、納財、破土、安葬、啟攢 **忌**祭祀、祈福、解除	**宜**出行、納采、問名、嫁娶、移徙、修造動土、豎柱上樑、開市、立券、交易、納財、破土、啟攢、入宅 **忌**解除	**宜**解除 **忌**出行、修造動土、開市、立券、交易、納財、破土
占門碓 外東南		碓磨廁 外東南	廚灶爐 外正南	倉庫門 外正南	房床栖 外正南
沖馬45歲煞南		沖羊44歲煞東	沖猴43歲煞北	沖雞42歲煞西	沖狗41歲煞南

12	13	14	15	16
六期星	日期星	一期星	二期星	三期星
月德合	天德合 勿探病		刀砧日	周倉將軍 千秋 刀砧日
十九	二十	廿一	廿二	廿三
己巳	庚午	辛未	壬申	癸酉
木	土	土	金	金
破	危	成	收	開
宜	宜	宜	★	宜
宜 祭祀、解除 **忌** 祈福、出行、納采、問名、嫁娶、移徙、安床、修造動土、豎柱上樑、開市、立券、交易、納財、破土、安葬、啟攢	**宜** 祭祀、祈福、出行、納采、問名、嫁娶、移徙、安床、解除、修造動土、豎柱上樑、破土、安葬、入宅	**宜** 祭祀、祈福、納采、問名、修造動土、豎柱上樑、開市、立券、交易、納財 **忌** 出行、嫁娶、移徙	**日逢受死日，不宜諸吉事**	**宜** 祭祀 **忌** 納采、問名、嫁娶、立券、交易
占門床 外正南	占碓磨 外正南	廚灶廁 外西南	倉庫爐 外西南	房床門 外西南
沖豬 40歲 煞東	沖鼠 39歲 煞北	沖牛 38歲 煞西	沖虎 37歲 煞南	沖兔 36歲 煞東

壬寅年每日宜忌

21	20	19	18	17
星期一	星期日	星期六	星期五	星期四
	紫微星君聖誕		天德	月德
廿八	廿七	廿六	廿五	廿四
戊寅	丁丑	丙子	乙亥	甲戌
土	水	水	火	火
平	滿	除	建	閉
宜	宜	宜	宜	宜
宜出行、納采、問名、嫁娶、移徙、豎柱上樑、開市、立券、交易、納財、安葬 **忌**祭祀、祈福、解除、修造動土、破土	**宜**祭祀 **忌**祈福、出行、納采、問名、嫁娶、移徙、安床、解除、修造動土、豎柱上樑、開市、立券、交易、納財、破土、安葬、啟攢	**宜**出行、移徙、解除、破土、啟攢、入宅	**宜**祭祀 **忌**嫁娶、修造動土、破土	**宜**祭祀 **忌**祈福、出行、納采、問名、嫁娶、移徙、安床、解除、修造動土、豎柱上樑、開市、立券、交易、納財、破土、安葬、啟攢
房床爐 外正西	倉庫廁 外正西	廚灶碓 外西南	碓磨床 外西南	門碓栖 外西南
沖猴31歲煞北	沖羊32歲煞東	沖馬33歲煞南	沖蛇34歲煞西	沖龍35歲煞北

22	小雪	23	24	25
二期星		三期星	四期星	五期星
月德合 勿探病		天德合		勿探病
廿九	申時 16時20分	三十	十一月	初二
己卯		庚辰	辛巳	壬午
土		金	金	木
定		執	破	危
宜		宜	★	宜
宜祭祀、祈福、出行、納采、問名、嫁娶、移徙、解除、修造動土、豎柱上樑、開市、立券、交易、納財、破土、安葬、入宅	**斗指己，斯時天已積陰，寒未深而雪未大，故名小雪。節氣諺語：小雪小到。**指烏魚群在小雪前後剛到台灣海峽來，數量還不多。	**宜**祭祀、祈福、納采、問名、嫁娶、移徙、解除、豎柱上樑、安葬、入宅 **忌**出行、修造動土、破土	**忌**祈福、出行、納采、問名、嫁娶、移徙、安床、修造動土、豎柱上樑、開市、立券、交易、納財、破土、安葬、啟攢	**宜**祭祀、入宅 **忌**祈福、出行、納采、問名、嫁娶、移徙、安床、解除、修造動土、豎柱上樑、開市、立券、交易、納財、破土、安葬、啟攢
占大門 外正西		碓磨栖 外正西	廚灶床 外正西	倉庫碓 外西北
沖雞 30歲 煞西		沖狗 29歲 煞南	沖豬 28歲 煞東	沖鼠 27歲 煞北

壬寅年每日宜忌

30	29	28	27	26
星期三	**星期二**	**星期一**	**星期日**	**星期六**
		天德 刀砧日	月德 刀砧日	
初七	**初六**	**初五**	**初四**	**初三**
丁亥	丙戌	乙酉	甲申	癸未
土	土	水	水	木
建	閉	開	收	成
宜	★	**宜**	★	**宜**
宜祭祀 **忌**祈福、出行、納采、問名、嫁娶、移徙、安床、解除、修造動土、豎柱上樑、開市、立券、交易、納財、破土、安葬、啟攢	**諸事不宜**	**宜**祭祀、祈福、出行、納采、問名、嫁娶、移徙、解除、修造動土、豎柱上樑、開市、納財	**日逢受死日，不宜諸吉事**	**宜**祭祀、祈福、納采、問名、修造動土、豎柱上樑、開市、立券、交易、納財 **忌**出行、嫁娶、移徙
倉庫床 外西北	廚灶棲 外西北	碓磨門 外西北	占門爐 外西北	房床廁 外西北
沖蛇 22歲 煞西	沖龍 23歲 煞北	沖兔 24歲 煞東	沖虎 25歲 煞南	沖牛 26歲 煞西

二〇二二年國曆十二月大	1	2	3	4	5
	四期星	五期星	六期星	日期星	一期星
		月德合	天德合	太乙救苦天尊聖誕	
農曆十一月 壬子 葭月 煞南方 初一西風盜賊多，更兼大雪有災魔 冬至天晴無日色，來年定唱太平歌	初八	初九	初十	十一	十二
	戊子	己丑	庚寅	辛卯	壬辰
	火	火	木	木	水
	除	滿	平	定	執
	宜	宜	宜	宜	★
	宜入宅 **忌**祈福、出行、納采、問名、嫁娶、移徙、安床、解除、修造動土、豎柱上樑、開市、立券、交易、納財	**宜**祭祀 **忌**出行、納采、問名、嫁娶、移徙	**宜**出行、納采、問名、嫁娶、移徙、修造動土、豎柱上樑、開市、立券、交易、納財、破土、安葬、啟攢、入宅 **忌**祭祀、祈福、解除	**宜**出行、納采、問名、嫁娶、移徙、修造動土、豎柱上樑、開市、立券、交易、納財、破土、啟攢、入宅 **忌**解除	**忌**出行、納采、問名、嫁娶、移徙、安床、解除、修造動土、豎柱上樑、開市、立券、交易、納財、破土、安葬、啟攢
每日胎神占方	房床碓 外正北	占門廁 外正北	碓磨爐 外正北	廚灶門 外正北	倉庫栖 外正北
每日沖煞年齡	沖馬 21歲 煞南	沖羊 20歲 煞東	沖猴 19歲 煞北	沖雞 18歲 煞西	沖狗 17歲 煞南

6	7	大雪	8	9
二期星	三期星		四期星	五期星
				刀砧日
十三	十四	午時 11時46分	十五	十六
癸巳	甲午		乙未	丙申
水	金		金	火
破	破危		危	成
★	★		宜	宜
忌祈福、出行、納采、問名、嫁娶、移徙、安床、修造動土、豎柱上樑、開市、立券、交易、納財、破土、安葬、啟攢	**諸事不宜**	**斗指甲，斯時積陰為雪，至此粟烈而大過於小雪，故名大雪。節氣諺語：大雪大到。**指烏魚群到了大雪時，便大批湧進台灣海峽。	**宜**祭祀 **忌**祈福、出行、納采、問名、嫁娶、移徙、安床、解除、修造動土、豎柱上樑、開市、立券、交易、納財、破土、安葬、啟攢	**宜**出行、納采、問名、嫁娶、移徙、解除、豎柱上樑、開市、立券、交易、納財、安葬、入宅 **忌**安床、修造動土、破土
占房床 房內北	占門碓 房內北		碓磨廁 房內北	廚灶爐 房內北
沖豬 16歲 煞東	沖鼠 15歲 煞北		沖牛 14歲 煞西	沖虎 13歲 煞南

壬寅年每日宜忌

14	13	12	11	10
星期三	星期二	星期一	星期日	星期六
				阿彌陀佛佛誕 月德合 刀砧日
廿一	二十	十九	十八	十七
辛丑	庚子	己亥	戊戌	丁酉
土	土	木	木	火
除	建	閉	開	收
宜	★	★	宜	宜
宜祭祀、祈福、出行、嫁娶、解除、立券、交易、納財、安葬	**諸事不宜**	**忌**祈福、出行、納采、問名、嫁娶、移徙、安床、解除、修造動土、豎柱上樑、開市、破土、安葬、啟攢	**宜**祭祀、祈福、解除、修造動土、豎柱上樑 **忌**出行、嫁娶、移徙、開市、立券、交易、納財	**宜**祭祀
廚灶廁 房內南	占碓磨 房內南	占門床 房內南	房床棲 房內南	倉庫門 房內北
沖羊 8歲 煞東	沖馬 9歲 煞南	沖蛇 10歲 煞西	沖龍 11歲 煞北	沖兔 12歲 煞東

壬寅年每日宜忌

20	19	18	17	16	15
二期星	**一期星**	**日期星**	**六期星**	**五期星**	**四期星**
月德合					月德 勿探病
廿七	**廿六**	**廿五**	**廿四**	**廿三**	**廿二**
丁未	丙午	乙巳	甲辰	癸卯	壬寅
水	水	火	火	金	金
危	破	執	定	平	滿
宜	★	**宜**	**宜**	★	**宜**
宜祭祀 **忌**納采、問名、嫁娶	**諸事不宜**	**宜**祭祀、入宅 **忌**祈福、出行、納采、問名、嫁娶、移徙、安床、解除、修造動土、豎柱上樑、開市、立券、交易、納財、破土、安葬、啟攢	**宜**祭祀、祈福、出行、納采、問名、嫁娶、移徙、修造動土、豎柱上樑、立券、交易、納財、入宅 **忌**解除	**日逢受死日，不宜諸吉事**	**宜**出行、納采、問名、嫁娶、解除、修造動土、豎柱上樑、開市、立券、交易、納財、破土、安葬、啟攢 **忌**祭祀、移徙
倉庫廁 房內東	廚灶碓 房內東	碓磨床 房內東	門雞栖 房內東	房床門 房內南	倉庫爐 房內南
沖牛 2歲 煞西	沖鼠 3歲 煞北	沖豬 4歲 煞東	沖狗 5歲 煞南	沖雞 6歲 煞西	沖猴 7歲 煞北

21	22	冬至	23	24	25
三期星	四期星		五期星	六期星	日期星
刀砧日	刀砧日				月德
廿八	廿九	卯時 05時48分	十二月	初二	初三
戊申	己酉		庚戌	辛亥	壬子
土	土		金	金	木
成	收		開	閉	建
宜	★		宜	★	★
宜出行、納采、問名、嫁娶、移徙、解除、豎柱上樑、開市、立券、交易、納財、入宅 **忌**安床、修造動土、破土	**忌**祈福、出行、納采、問名、嫁娶、移徙、安床、解除、修造動土、豎柱上樑、開市、立券、交易、納財、破土、安葬、啟攢	時陰極之至，明陽氣始至，日行至南，北半球晝最短而夜最長。節氣諺語：冬至烏，過年酥。冬至這天如果下雨，那麼過年時就有很高的機率會放晴。	**宜**祭祀、祈福、解除、修造動土、豎柱上樑 **忌**出行、嫁娶、移徙、開市、立券、交易、納財	**忌**祈福、出行、納采、問名、嫁娶、移徙、安床、解除、修造動土、豎柱上樑、開市、破土、安葬、啟攢	**諸事不宜**
房床爐 房內東	占大門 外東北		碓磨栖 外東北	廚灶床 外東北	倉庫碓 外東北
沖虎 1歲 煞南	沖兔 60歲 煞東		沖龍 59歲 煞北	沖蛇 58歲 煞西	沖馬 57歲 煞南

壬寅年每日宜忌

31	30	29	28	27	26
星期六	星期五	星期四	星期三	星期二	星期一
	月德合		勿探病	勿探病	
初九	**初八**	**初七**	**初六**	**初五**	**初四**
戊午	丁巳	丙辰	乙卯	甲寅	癸丑
火	土	土	水	水	木
破	執	定	平	滿	除
★	**宜**	**宜**	★	**宜**	**宜**
諸事不宜	**宜** 祭祀 **忌** 祈福、出行、納采、問名、嫁娶、移徙、安床、解除、修造動土、豎柱上樑、開市、立券、交易、納財、破土、安葬、啟攢	**宜** 祭祀、祈福、納采、問名、嫁娶、修造動土、豎柱上樑、立券、交易、納財、入宅 **忌** 解除	**日逢受死日，不宜諸吉事**	**宜** 出行、解除、修造動土、豎柱上樑、開市、立券、交易、納財、破土、啟攢 **忌** 祭祀、納采、問名、嫁娶、移徙	**宜** 祭祀、祈福、出行、納采、問名、嫁娶、移徙、解除、修造動土、豎柱上樑、開市、立券、交易、納財、入宅
房床碓 外正東	倉庫床 外正東	廚灶栖 外正東	碓磨門 外正東	占門爐 外東北	房床廁 外東北
沖鼠 51歲 煞北	沖豬 52歲 煞東	沖狗 53歲 煞南	沖雞 54歲 煞西	沖猴 55歲 煞北	沖羊 56歲 煞東

壬寅年每日宜忌

二〇二三年 國曆一月大	1	2	3	4	5
	星期日	星期一	星期二	星期三	星期四
		刀砧日	刀砧日	月德	
農曆十二月 癸丑 癸月 煞東方	初十	十一	十二	十三	十四
	己未	庚申	辛酉	壬戌	癸亥
	火	木	木	水	水
	危	成	收	開	開閉
	★	宜	★	宜	★
朔日西風六畜災，綿絲五穀德成堆 最喜大寒無雨雪，太平冬盡賀春來	**忌**祈福、出行、納采、問名、嫁娶、移徙、安床、解除、修造動土、豎柱上樑、開市、立券、交易、納財、破土、安葬、啟攢	**宜**出行、移徙、解除、豎柱上樑、開市、立券、交易、納財、安葬、入宅 **忌**納采、問名、嫁娶、安床、修造動土、破土	**忌**祈福、出行、納采、問名、嫁娶、移徙、安床、解除、修造動土、豎柱上樑、開市、立券、交易、納財、破土、安葬、啟攢	**宜**祭祀、祈福、納采、問名、解除、修造動土、豎柱上樑、開市 **忌**出行、嫁娶、移徙	**諸事不宜**
每日胎神占方	占門廁 外正東	碓磨爐 外東南	廚灶門 外東南	倉庫栖 外東南	占房床 外東南
每日沖煞年齡	沖牛 50歲 煞西	沖虎 49歲 煞南	沖兔 48歲 煞東	沖龍 47歲 煞北	沖蛇 46歲 煞西

10	9	8	7	6	小寒
星期二	星期一	星期日	星期六	星期五	
			天德合 月德合	天赦日	
十九	十八	十七	十六	十五	子時 23時05分
戊辰	丁卯	丙寅	乙丑	甲子	
木	火	火	金	金	
平	滿	除	建	閉	
★	宜	宜	宜	宜	
諸事不宜	**宜** 祭祀 **忌** 祈福、出行、納采、問名、嫁娶、移徙、安床、解除、修造動土、豎柱上樑、開市、立券、交易、納財、破土、安葬、啟攢	**宜** 入宅 **忌** 祭祀、出行	**宜** 祭祀、祈福、納采、問名、解除、豎柱上樑、納財、安葬 **忌** 出行、嫁娶、移徙、修造動土、破土	**宜** 祭祀、安葬	**斗指戊為小寒，時天氣漸寒，尚未大冷，故名小寒。** **節氣諺語：小寒大冷，人馬安。** 小寒時天氣應寒冷，人畜才會平安。
房床栖 外正南	倉庫門 外正南	廚灶爐 外正南	碓磨廁 外東南	占門碓 外東南	
沖狗 41歲 煞南	沖雞 42歲 煞西	沖猴 43歲 煞北	沖羊 44歲 煞東	沖馬 45歲 煞南	

壬寅年每日宜忌

16	15	14	13	12	11
一期星	**日期星**	**六期星**	**五期星**	**四期星**	**三期星**
天神下降日	送神日 刀砧日	刀砧日		天德 月德 勿探病	
廿五	**廿四**	**廿三**	**廿二**	**廿一**	**二十**
甲戌	癸酉	壬申	辛未	庚午	己巳
火	金	金	土	土	木
收	成	危	破	執	定
宜	★	**宜**	**宜**	**宜**	**宜**
宜祭祀 **忌**祈福、出行、納采、問名、嫁娶、移徙、安床、解除、修造動土、豎柱上樑、開市、立券、交易、納財、破土、安葬、啟攢	**日逢受死日，不宜諸吉事**	**宜**祭祀、開市、納財、破土、安葬 **忌**祈福、納采、問名、安床、解除、立券、交易	**宜**祭祀、解除 **忌**祈福、出行、納采、問名、嫁娶、移徙、安床、修造動土、豎柱上樑、開市、立券、交易、納財、破土、安葬、啟攢	**宜**祭祀、祈福、出行、納采、問名、嫁娶、移徙、解除、修造動土、豎柱上樑、破土、安葬	**宜**納采、問名、修造動土、豎柱上樑、立券、交易、納財、入宅 **忌**出行、嫁娶、解除、破土、安葬、啟攢
門碓棲 外西南	房床門 外西南	倉庫爐 外西南	廚灶廁 外西南	占碓磨 外正南	占門床 外正南
沖龍35歲煞北	沖兔36歲煞東	沖虎37歲煞南	沖牛38歲煞西	沖鼠39歲煞北	沖豬40歲煞東

壬寅年每日宜忌

21	大寒	20	19	18	17
六期星		五期星	四期星	三期星	二期星
除夕 勿探病					天德合 月德合
三十	申時 16時30分	廿九	廿八	廿七	廿六
己卯		戊寅	丁丑	丙子	乙亥
土		土	水	水	火
滿		除	建	閉	開
宜		宜	★	宜	宜
宜 祭祀 **忌** 祈福、出行、納采、問名、嫁娶、移徙、安床、解除、修造動土、豎柱上樑、開市、立券、交易、納財、破土、安葬、啟攢	**斗指癸為大寒，時大寒粟烈已極，故名大寒。** **節氣諺語：大寒不寒，春分不暖。** 大寒若天氣溫暖，表氣候不順，隔年春分仍會寒冷。	**宜** 入宅 **忌** 祭祀、出行、破土、安葬、啟攢	**忌** 祈福、出行、納采、問名、嫁娶、移徙、安床、解除、修造動土、豎柱上樑、破土、安葬、啟攢	**宜** 祭祀、安葬、啟攢 **忌** 祈福、出行、納采、問名、嫁娶、移徙、安床、解除、修造動土、豎柱上樑、開市、立券、交易、納財、破土	**宜** 祭祀、祈福、解除、修造動土、豎柱上樑、開市、納財、入宅 **忌** 出行、納采、問名、嫁娶、移徙
占大門 外正西		房床爐 外正西	倉庫廁 外正西	廚灶碓 外西南	碓磨床 外西南
沖雞 30歲 煞西		沖猴 31歲 煞北	沖羊 32歲 煞東	沖馬 33歲 煞南	沖蛇 34歲 煞西

壬寅年每日宜忌

22	23	24	25	26
日期星	**一期星**	**二期星**	**三期星**	**四期星**
春節 天德 月德		勿探病	孫真人聖 誕	刀砧日
正月	**初二**	**初三**	**初四**	**初五**
庚辰	辛巳	壬午	癸未	甲申
金	金	木	木	水
平	定	執	破	危
宜	**宜**	**宜**	**宜**	**宜**
宜祭祀 **忌**祈福、出行、納采、問名、嫁娶、移徙、安床、解除、修造動土、豎柱上樑、開市、立券、交易、納財、破土、安葬、啟攢	**宜**祭祀、祈福、納采、問名、移徙、修造動土、豎柱上樑、立券、交易、納財 **忌**出行、嫁娶、解除、破土、安葬、啟攢	**宜**入宅 **忌**祈福、出行、納采、問名、嫁娶、移徙、安床、解除、修造動土、豎柱上樑、開市、立券、交易、納財、破土、安葬、啟攢	**宜**祭祀 **忌**祈福、出行、納采、問名、嫁娶、移徙、安床、解除、修造動土、豎柱上樑、開市、立券、交易、納財、破土、安葬、啟攢	**宜**祭祀、出行、移徙、修造動土、豎柱上樑、開市、納財、破土、安葬、入宅 **忌**祈福、納采、問名、安床、解除、立券、交易
碓磨栖 外正西	廚灶床 外正西	倉庫碓 外西北	房床廁 外西北	占門爐 外西北
沖狗 30歲 煞南	沖豬 29歲 煞東	沖鼠 28歲 煞北	沖牛 27歲 煞西	沖虎 26歲 煞南

壬寅年每日宜忌

27	28	29	30	31
星期五	星期六	星期日	星期一	星期二
清水祖師聖誕 天德合 月德合 刀砧日			玉皇大帝聖誕	
初六	**初七**	**初八**	**初九**	**初十**
乙酉	丙戌	丁亥	戊子	己丑
水	土	土	火	火
成	收	開	閉	建
★	**宜**	**宜**	**宜**	★
日逢受死日，不宜諸吉事	**宜** 祭祀 **忌** 祈福、出行、納采、問名、嫁娶、移徙、安床、解除、修造動土、豎柱上樑、開市、立券、交易、納財、破土、安葬、啟攢	**宜** 祭祀、入宅 **忌** 祈福、出行、納采、問名、嫁娶、移徙、安床、解除、修造動土、豎柱上樑、開市、立券、交易、納財、破土、安葬、啟攢	**宜** 祭祀 **忌** 祈福、出行、納采、問名、嫁娶、移徙、安床、解除、修造動土、豎柱上樑、開市、立券、交易、納財、破土	**忌** 祈福、出行、納采、問名、嫁娶、移徙、解除、修造動土、豎柱上樑、開市、立券、交易、納財、破土、安葬、啟攢
碓磨門 外西北	廚灶栖 外西北	倉庫床 外西北	房床碓 外正北	占門廁 外正北
沖兔 25歲 煞東	沖龍 24歲 煞北	沖蛇 23歲 煞西	沖馬 22歲 煞南	沖羊 21歲 煞東

二〇二三年 國曆二月小	1	2	3	4
	三期星	四期星	五期星	六期星
	天德 月德		關聖帝君飛昇日	
農曆一月 甲寅 端月 煞北方	十一	十二	十三	十四
	庚寅	辛卯	壬辰	癸巳
	木	木	水	水
	除	滿	平	平定
	宜	宜	★	★
立春最喜晴一日，元旦景雲光齊天 雨水連綿是豐年，農夫不用力耕田	**宜** 納采、問名、嫁娶、移徙、解除、修造動土、豎柱上樑、立券、交易、納財、破土、安葬、啟攢 **忌** 祭祀、出行	**宜** 祭祀 **忌** 祈福、出行、納采、問名、嫁娶、移徙、安床、解除、修造動土、豎柱上樑、開市、立券、交易、納財、破土、安葬、啟攢	**諸事不宜**	**忌** 祈福、出行、納采、問名、嫁娶、移徙、安床、解除、修造動土、豎柱上樑、開市、立券、交易、納財、破土、安葬、啟攢
每日胎神占方	碓磨爐 外正北	廚灶門 外正北	倉庫栖 外正北	占房床 房內北
每日沖煞年齡	沖猴 20歲 煞北	沖雞 19歲 煞西	沖狗 18歲 煞南	沖豬 17歲 煞東

立春

巳時 10時43分

斗指東北維為立春，時春氣始至，四時之卒始，故名立春也。

節氣諺語：立春打雷，十處豬欄九處空。

立春這天如果打雷，會六畜不安。相反的，雷不打春，今年一定好年冬。

壬寅年每日宜忌

5	6	7	8	9
日期星	一期星	二期星	三期星	四期星
元宵節 天官聖誕		月德	天德	
十五	十六	十七	十八	十九
甲午	乙未	丙申	丁酉	戊戌
金	金	火	火	木
定	執	破	危	成
宜	★	宜	宜	★
宜祭祀、祈福、出行、納采、問名、嫁娶、移徙、修造動土、豎柱上樑、開市、立券、交易、納財、入宅 **忌**解除、破土、安葬、啟攢	**忌**出行、納采、問名、嫁娶、移徙、解除、修造動土、豎柱上樑、開市、立券、交易、納財、破土、安葬、啟攢	**宜**祭祀、解除 **忌**祈福、出行、納采、問名、嫁娶、移徙、安床、修造動土、豎柱上樑、開市、立券、交易、納財、破土、安葬、啟攢	**宜**祭祀、祈福、出行、納采、問名、嫁娶、移徙、安床、解除、修造動土、豎柱上樑、納財、破土、安葬、入宅	**日逢受死日，不宜諸吉事**
占門碓 房內北	碓磨廁 房內北	廚灶爐 房內北	倉庫門 房內北	房床栖 房內南
沖鼠 16歲 煞北	沖牛 15歲 煞西	沖虎 14歲 煞南	沖兔 13歲 煞東	沖龍 12歲 煞北

15	14	13	12	11	10
三期星	二期星	一期星	日期星	六期星	五期星
		天德合 勿探病	月德合	刀砧日	刀砧日
廿五	廿四	廿三	廿二	廿一	二十
甲辰	癸卯	壬寅	辛丑	庚子	己亥
火	金	金	土	土	木
滿	除	建	閉	開	收
宜	宜	宜	宜	宜	宜
宜祭祀、祈福 **忌**納采、問名、嫁娶、開市、立券、交易、納財、破土、安葬、啟攢	**宜**出行、解除、立券、交易、破土、啟攢、入宅	**宜**納采、問名、解除、豎柱上樑、立券、交易、納財、安葬、啟攢 **忌**祭祀、出行、嫁娶、移徙、修造動土、破土	**宜**祭祀 **忌**祈福、出行、納采、問名、嫁娶、移徙、安床、解除、修造動土、豎柱上樑、開市、立券、交易、納財、破土、安葬、啟攢	**宜**祭祀 **忌**納采、問名、修造動土、破土	**宜**祭祀、祈福、開市、立券、交易、納財 **忌**嫁娶、破土、安葬、啟攢
門雞棲 房內東	房床門 房內南	倉庫爐 房內南	廚灶廁 房內南	占碓磨 房內南	占門床 房內南
沖狗 6歲 煞南	沖雞 7歲 煞西	沖猴 8歲 煞北	沖羊 9歲 煞東	沖馬 10歲 煞南	沖蛇 11歲 煞西

雨水	16	17	18	19
	星期四	星期五	星期六	星期日
		月德	天德	
卯時 06時34分	廿六	廿七	廿八	廿九
	乙巳	丙午	丁未	戊申
	火	水	水	土
	平	定	執	破
	★	宜	宜	宜
斗指壬為雨水，時東風解凍，冰雪皆散而為水，化而為雨，故名雨水。 **節氣諺語：雨水，海水卡冷鬼。** 雨水時節雖已入春，但溫度仍低，海水摸起來還是非常冷冽。	**忌**祈福、出行、納采、問名、嫁娶、移徙、安床、解除、修造動土、豎柱上樑、開市、立券、交易、納財、破土、安葬、啟攢	**宜**祭祀、祈福、出行、納采、問名、嫁娶、移徙、解除、修造動土、豎柱上樑、開市、立券、交易、納財、破土、安葬、入宅	**宜**祭祀、祈福、出行、移徙、解除、修造動土、豎柱上樑、納財、破土、安葬、入宅 **忌**納采、問名、嫁娶	**宜**祭祀、解除 **忌**祈福、出行、納采、問名、嫁娶、移徙、安床、修造動土、豎柱上樑、開市、立券、交易、納財、破土、安葬、啟攢
	碓磨床 房內東	廚灶碓 房內東	倉庫廁 房內東	房床爐 房內東
	沖豬 5歲 煞東	沖鼠 4歲 煞北	沖牛 3歲 煞西	沖虎 2歲 煞南

20	21	22	23
一期星	二期星	三期星	四期星
	福德正神 千秋	文昌帝君 聖誕 月德合 刀砧日	天德合 刀砧日
二月	初二	初三	初四
己酉	庚戌	辛亥	壬子
土	金	金	木
危	成	收	開
宜	★	宜	宜
宜祭祀、破土、安葬、入宅 **忌**祈福、出行、納采、問名、嫁娶、移徙、安床、解除、修造動土、豎柱上樑、開市、立券、交易、納財	**日逢受死日，不宜諸吉事**	**宜**祭祀、祈福、出行、納采、問名、移徙、解除、修造動土、豎柱上樑、開市、立券、交易、納財 **忌**嫁娶	**宜**祭祀、祈福、出行、納采、問名、嫁娶、移徙、解除、修造動土、豎柱上樑、開市、納財
占大門 外東北	碓磨栖 外東北	廚灶床 外東北	倉庫碓 外東北
沖兔 1歲 煞東	沖龍 60歲 煞北	沖蛇 59歲 煞西	沖馬 58歲 煞南

壬寅年每日宜忌

28	27	26	25	24
二期星	一期星	日期星	六期星	五期星
天德	月德	勿探病	勿探病	
初九	**初八**	**初七**	**初六**	**初五**
丁巳	丙辰	乙卯	甲寅	癸丑
土	土	水	水	木
平	滿	除	建	閉
宜	**宜**	**宜**	**宜**	★
宜祭祀 **忌**祈福、出行、解除	**宜**祭祀、祈福、出行、納采、問名、移徙、解除、修造動土、豎柱上樑、開市、立券、交易、納財、安葬	**宜**出行、解除、立券、交易、破土、啟攢、入宅	**宜**立券、交易、納財 **忌**祭祀、祈福、出行、納采、問名、嫁娶、移徙、解除、修造動土、豎柱上樑、破土、安葬、啟攢	**諸事不宜**
倉庫床 外正東	廚灶栖 外正東	碓磨門 外正東	占門爐 外東北	房床廁 外東北
沖豬 53歲 煞東	沖狗 54歲 煞南	沖雞 55歲 煞西	沖猴 56歲 煞北	沖羊 57歲 煞東

三

擇日與擇時

如何擇日與擇時

目前農民曆比較常被使用的功能就是「擇日」。雖然家家戶戶都有農民曆，上面「宜」、「忌」也標明得很清楚，不過大部分的人面對重要的事項，例如：結婚、安葬、安床等，仍都會慎重的請懂得命理的老師來選擇。

原因就在於除了少數的幾個「諸事皆宜」的日子之外，大部分的好日子，也不是每一件事情都可以做，甚至是在「諸事皆宜」的日子當中，也不是每個時辰都是好時辰，因此如何趨吉避凶，就著實令人煞費苦心。

不過除了牽涉廣泛的人生大事，像是嫁娶、安葬、生產等需要專業老師來擇日，其他像是日常的搬家、入宅、安床等，只要掌握一些訣竅，就能透過農民曆自己挑選好日子與好時辰。

擇日

首先要看「每日沖煞」的生肖與年齡，有沖犯到相關人員的日子都不能選擇。再來看的是每日的宜忌與用事批註。有一些日子是「凡事不取」、「諸吉事不宜」，這在用事批註的欄位上面，都會清楚標示，在擇日的時候先避開。

接下來針對要進行的事項來挑選，在用事批註這一欄裡頭，會標註每天可以進行的事項，這個部分可以參照前面的名詞解釋，找到自己要做的事項，再回來挑選適合從事這些事項的日子。

有時在擇日的時候也會參照「十二植位」。十二植位代表十二個吉凶神，每日的植神不同，宜忌也不同，十二植位中，最常用到的像是取下制煞物品時，就會挑選「除日」，此外如果是「破日」、「危日」，通常代表諸事不宜。

擇時

選好適合的日子之後，接下來要挑選適合的時間。民間認為每一個時辰都有吉凶神在輪值，因此就算是好日子，也不一定每個時辰都適合，最好能選擇吉神輪值的時間來進行。

每個時辰的吉凶神，主要是根據不同的干支來循環。讀者可以先找出這一天的干支為何，再來對照每日時局表，就可以看到該日的每個時辰吉凶神輪值的情形，再挑選吉神輪值的時辰即可。

時辰吉凶神列表

吉神
金匱、大進、羅紋、交貴、六合、喜神、日祿、天赦、玉堂、少微、三合、進貴、貴人、右弼、天官、明堂、國印、長生、福星、天德、青龍、功曹、寶光、生旺、武曲、唐符、進祿、太陽、帝旺、福德、祿貴、交馳、貪狼、左輔、傳送、合格、鳳輦、太陰、金星、紫微、黃道、明輔、水星、司命、天地、會合、天賦、合局、逢印、臨官、財局、六甲、趨乾、合貴、同類、相資、六壬、趨艮、六申、元祿、馬元、地福、扶元、幹合、右彈、六進、進馬

凶神
日建、天兵、天牢、六戊、元武、大退、日沖、大凶、不遇、勾陳、天賊、路空、天刑、旬空、朱雀、白虎、地兵、日破、比肩、狗食、玄武、日刑、日馬、勿用、雷兵、建刑、日煞、五鬼、天武、天退、日武、日害、進虛、胞胎

壬寅年每日時局表

巳	辰	卯	寅	丑	子	時／日
進貴 元武 大退	三合 天牢 六戊	天赦 玉堂 少微	喜神 日祿 天兵	羅紋 交貴 六合	金匱 大進 日建	甲子
三合 玉堂 不遇	進貴 白虎 地兵	大進 天德 日祿	進貴 金匱 六戊	福星 天赦 朱雀	六合 貴人 天兵	乙丑
日祿 寶光 路空	金匱 不遇 路空	進貴 功曹 朱雀	長生 天刑 地兵	明堂 右弼 狗食	天官 青龍 六戊	丙寅
進祿 朱雀 日馬	不遇 天刑 武曲	明堂 進貴 路空	青龍 大退 路空	唐符 武曲 勾陳	司命 日刑 地兵	丁卯
明堂 天赦 日祿	喜神 青龍 天兵	天官 太陽 勾陳	長生 司命 不遇	貴人 元武 路空	三合 大進 路空	戊辰
帝旺 勾陳 大退	司命 雷兵 六戊	天赦 天兵 元武	喜神 天官 天兵	三合 玉堂 不遇	大進 貴人 白虎	己巳
長生 進貴 元武	武曲 天牢 地兵	玉堂 大進 天賊	三合 生旺 六戊	祿貴 交馳 天德	日沖 大凶 不遇	庚午
福星 玉堂 路空	唐符 白虎 路空	三合 寶光 天德	羅紋 交貴 地兵	日破 大凶 朱雀	長生 進貴 六戊	辛未
羅紋 交貴 天德	三合 金匱 福星	貴人 朱雀 路空	日沖 大凶 路空	天官 明堂 左輔	三合 青龍 地兵	壬申
三合 羅紋 交貴	六合 喜神 天兵	日沖 大凶 勿用	青龍 功曹 天賊	三合 勾陳 路空	日祿 大進 路空	癸酉
明堂 傳送 大退	日破 大凶 六戊	六合 天赦 帝旺	喜神 日祿 天兵	貴人 日刑 元武	大進 福德 天牢	甲戌
日沖 大凶 勾陳	司命 功曹 地兵	三合 大進 日祿	六合 天牢 六戊	玉堂 福星 天赦	喜神 貴人 天兵	乙亥
日祿 進祿 路空	三合 不遇 路空	玉堂 少微 日刑	長生 日馬 地兵	六合 寶光 進貴	福星 金匱 六戊	丙子
三合 玉堂 帝旺	進貴 日煞 白虎	天德 寶光 路空	金匱 大退 路空	唐符 朱雀 日建	六合 進貴 地兵	丁丑
日祿 天赦 寶光	喜神 金匱 天兵	天官 貪狼 朱雀	長生 進祿 天刑	明堂 貴人 路空	大進 青龍 路空	戊寅

壬寅年每日時局表

時／日	午	未	申	酉	戌	亥
甲子	日沖 大凶 不遇	貴人 右弼 勾陳	三合 天賊 路空	天官 明堂 路空	國印 天刑 旬空	長生 進貴 朱雀
乙丑	長生 天牢 路空	日破 大凶 路空	羅紋 交貴 大退	三合 比肩 勾陳	喜神 青龍 天兵	福星 明堂 天赦
丙寅	三合 生旺 大進	玉堂 少微 武曲	日沖 大凶 天牢	天赦 貴人 玄武	三合 司命 六戊	六合 貴人 勾陳
丁卯	喜神 日祿 天兵	三合 寶光 天赦	功曹 白虎 六戊	日沖 大凶 勿用	六合 天牢 地兵	三合 貴人 元武
戊辰	雷兵 天刑 六戊	右弼 貴人 朱雀	三合 金匱 地兵	六合 寶光 天德	日破 大凶 路空	玉堂 路空 旬空
己巳	青龍 日祿 地兵	明堂 福星 武曲	羅紋 交貴 路空	三合 長生 路空	金匱 福德 旬空	日沖 大凶 不遇
庚午	司命 福星 路空	六合 貴人 路空	青龍 日祿 日馬	明堂 帝旺 貪狼	三合 天兵 喜神	天赦 進祿 朱雀
辛未	六合 大進 貴人	右弼 日建 元武	喜神 司命 天兵	天赦 日祿 不遇	青龍 六戊 雷兵	三合 明堂 旬空
壬申	喜神 白虎 天兵	玉堂 天赦 少微	長生 雷兵 六戊	大進 進貴 元武	司命 進祿 地兵	日祿 少微 勾陳
癸酉	金匱 雷兵 六戊	天德 寶光 不遇	狗食 白虎 地兵	玉堂 進祿 建刑	天官 天牢 路空	帝旺 元武 路空
甲戌	三合 不遇 地兵	貴人 日刑 朱雀	金匱 天賊 路空	天官 寶光 路空	武曲 白虎 日建	長生 玉堂 功曹
乙亥	長生 青龍 路空	三合 明堂 路空	貴人 大退 天賊	太陽 朱雀 比肩	喜神 金匱 天兵	福星 天赦 寶光
丙子	日沖 大凶 勿用	進貴 勾陳 日煞	三合 青龍 喜神	明堂 貴人 天赦	福星 天刑 六戊	羅紋 交貴 朱雀
丁丑	喜神 日祿 天兵	日破 大凶 元武	司命 進貴 六戊	三合 大進 福星	青龍 進貴 地兵	明堂 天官 貴人
戊寅	三合 帝旺 六戊	玉堂 貴人 少微	日沖 貴人 天牢	進虛 天賦 元武	三合 司命 路空	天地 會合 路空

時／日	子	丑	寅	卯	辰	巳
己卯	大進 貴人 司命	武曲 勾陳 不遇	喜神 青龍 天兵	天赦 明堂 日建	雷兵 天刑 六戊	日馬 朱雀 大退
庚辰	三合 喜神 天兵	天赦 貴人 元武	司命 日馬 六戊	大進 胞胎 逢印	青龍 日建 地兵	長生 明堂 功曹
辛巳	長生 白虎 六戊	三合 玉堂 少微	貴人 天牢 地兵	貪狼 天賊 元武	司命 進貴 路空	進貴 福星 路空
壬午	日沖 大凶 地兵	進貴 寶光 日煞	三合 臨官 路空	玉堂 貴人 路空	福星 武曲 天牢	貴人 長生 元武
癸未	大進 日祿 路空	日破 大凶 路空	金匱 福星 進貴	三合 寶光 貴人	天官 喜神 天兵	玉堂 貴人 大退
甲申	大進 青龍 路空	羅紋 交貴 明堂	日沖 大凶 朱雀	天赦 帝旺 傳送	三合 財局 六戊	天地 合格 寶光
乙酉	羅紋 交貴 天兵	三合 進貴 福星	青龍 雷兵 六戊	日沖 大凶 五鬼	天地 會合 地兵	三合 朱雀 不遇
丙戌	天官 福星 六戊	太陰 元武 日刑	三合 司命 地兵	天地 合局 勾陳	日破 大凶 路空	明堂 日祿 路空
丁亥	貪狼 白虎 地兵	玉堂 唐符 少微	天地 會合 路空	三合 元武 路空	司命 功曹 右弼	日沖 大凶 勾陳
戊子	大進 金匱 路空	六合 貴人 路空	長生 日馬 六戊	玉堂 天官 進貴	三合 喜神 天兵	天赦 日祿 元武
己丑	大進 羅紋 合貴	唐符 不遇 朱雀	喜神 金匱 天兵	天赦 寶光 天德	進貴 白虎 六戊	三合 玉堂 帝旺
庚寅	喜神 青龍 天兵	天赦 貴人 明堂	長生 雷兵 六戊	大進 胞胎 逢印	金匱 福德 地兵	長生 寶光 進貴
辛卯	司命 雷兵 六戊	武曲 勾陳 太陰	青龍 貴人 地兵	明堂 同類 相資	進貴 天刑 路空	福星 朱雀 路空
壬辰	三合 天牢 地兵	天官 水星 元武	司命 臨官 路空	福星 貴人 路空	福星 青龍 建刑	明堂 貴人 天賊
癸巳	大進 日祿 路空	三合 玉堂 路空	天賊 天牢 日刑	長生 福星 貴人	司命 喜神 天兵	天赦 貴人 大退

壬寅年每日時局表

亥	戌	酉	申	未	午	時／日
三合 進祿 不遇	天地 合局 天牢	日沖 大凶 路空	羅紋 交貴 路空	三合 寶光 福星	金匱 日祿 地兵	己卯
天赦 玉堂 傳送	日破 大凶 白虎	天地 會合 寶光	三合 日祿 金匱	貴人 朱雀 路空	福星 天官 路空	庚辰
日沖 大凶 勿用	金匱 雷兵 六戊	三合 日祿 天赦	六合 喜神 天兵	明堂 武曲 明輔	大進 貴人 青龍	辛巳
祿貴 交馳 朱雀	三合 天刑 地兵	大進 明堂 進祿	青龍 日馬 六戊	天地 會合 天赦	喜神 司命 天兵	壬午
三合 明堂 路空	天官 青龍 路空	五鬼 勾陳 旬空	司命 進貴 地兵	唐符 不遇 元武	六合 進貴 六戊	癸未
六甲 趨乾 進貴	司命 鳳輦 國印	天官 元武 路空	長生 天賊 路空	玉堂 貴人 狗食	進祿 不遇 地兵	甲申
福星 天赦 元武	喜神 進貴 天兵	玉堂 少微 建刑	天官 貴人 白虎	天德 寶光 路空	金匱 長生 路空	乙酉
玉堂 貴人 大退	福星 武曲 六戊	寶光 貴人 天赦	喜神 金匱 天兵	少微 朱雀 日刑	三合 大進 帝旺	丙戌
天官 寶光 貴人	金匱 福德 地兵	大進 貴人 福星	雷兵 天刑 六戊	三合 天赦 明堂	祿貴 交馳 天兵	丁亥
少微 朱雀 路空	右弼 天刑 路空	明堂 貪狼 天賊	三合 青龍 地兵	羅紋 交貴 勾陳	日沖 大凶 六戊	戊子
明堂 日馬 不遇	青龍 進貴 日刑	三合 長生 路空	司命 貴人 路空	日破 大凶 旬空	祿貴 交馳 地兵	己丑
六合 天赦 勾陳	喜神 司命 天兵	金星 帝旺 天武	日沖 大凶 天牢	玉堂 貴人 路空	三合 福星 路空	庚寅
三合 元武 大退	六合 天牢 六戊	日沖 大凶 不遇	喜神 白虎 天兵	三合 財局 寶光	大進 貴人 金匱	辛卯
玉堂 日祿 少微	日破 大凶 白虎	六合 大進 寶光	三合 長生 六戊	天官 天赦 朱雀	唐符 喜神 天兵	壬辰
日沖 大凶 路空	天官 金匱 路空	三合 朱雀 五鬼	六合 長生 地兵	明堂 唐符 不遇	青龍 進祿 六戊	癸巳

壬寅年每日時局表

時/日	子	丑	寅	卯	辰	巳
甲午	日沖 大凶 勿用	天德 寶光 貴人	喜神 司命 天兵	玉堂 天赦 帝旺	雷兵 天牢 六戊	進祿 大退 狗食
乙未	喜神 貴人 天兵	日破 大凶 朱雀	金匱 進貴 六戊	三合 大進 日祿	進貴 白虎 地兵	日馬 玉堂 不遇
丙申	福星 青龍 六戊	明堂 進貴 右弼	日沖 大凶 天刑	紫微 貪狼 朱雀	三合 金匱 路空	寶光 日祿 路空
丁酉	司命 鳳輦 地兵	三合 進祿 勾陳	青龍 大退 路空	日沖 大凶 路空	六合 武曲 天刑	三合 生旺 朱雀
戊戌	大進 天牢 路空	貴人 元武 路空	三合 司命 不遇	天官 六合 勾陳	日破 大凶 旬空	明堂 日祿 天赦
己亥	大進 貴人 白虎	玉堂 少微 不遇	喜神 進貴 天兵	三合 進貴 天赦	司命 雷兵 六戊	日沖 大凶 旬空
庚子	金匱 天兵 喜神	天赦 貴人 寶光	日馬 白虎 六戊	大進 玉堂 進貴	三合 天牢 地兵	長生 太陰 元武
辛丑	長生 進貴 六戊	太陰 日建 朱雀	羅紋 交貴 地兵	天德 寶光 比肩	唐符 路空 白虎	三合 福星 路空
壬寅	青龍 貪狼 地兵	明堂 天官 進貴	六壬 趨艮 路空	貴人 朱雀 路空	金匱 福星 進祿	天德 寶光 貴人
癸卯	大進 進祿 路空	進貴 勾陳 路空	青龍 左輔 狗食	祿貴 交馳 明堂	喜神 武曲 天兵	天赦 貴人 大退
甲辰	三合 大進 天牢	貴人 太陰 元武	福星 日祿 天兵	天赦 帝旺 勾陳	青龍 雷兵 六戊	明堂 五鬼 大退
乙巳	祿貴 交馳 天兵	三合 天赦 玉堂	進祿 雷兵 六戊	元祿 大進 日武	司命 狗食 地兵	少微 左輔 勾陳
丙午	日沖 大凶 六戊	寶光 天德 進祿	三合 長生 地兵	玉堂 進貴 少微	武曲 不遇 路空	日祿 金星 路空
丁未	進貴 天刑 地兵	日破 大凶 朱雀	金匱 臨官 路空	三合 寶光 路空	進貴 不遇 白虎	日馬 帝旺 玉堂
戊申	大進 青龍 路空	明堂 貴人 路空	日沖 大凶 天刑	天官 進貴 朱雀	喜神 金匱 天兵	六合 日祿 寶光

壬寅年每日時局表

亥	戌	酉	申	未	午	時／日
長生 左輔 朱雀	三合 右弼 天刑	天官 明堂 路空	青龍 日馬 路空	羅紋 交貴 勾陳	司命 不遇 地兵	甲午
三合 明堂 福星	喜神 青龍 天兵	太陽 比肩 勾陳	羅紋 交貴 司命	右弼 元武 路空	六合 長生 路空	乙未
羅紋 交貴 天退	司命 福星 六戊	天赦 貴人 元武	喜神 天兵 天牢	玉堂 進貴 狗食	大進 武曲 白虎	丙申
天官 貴人 元武	右弼 天牢 地兵	大進 玉堂 福星	雷兵 白虎 六戊	天赦 進貴 寶光	喜神 祿貴 天兵	丁酉
玉堂 少微 路空	武曲 白虎 路空	天德 寶光 天賊	金匱 福星 地兵	貴人 右弼 朱雀	三合 帝旺 六戊	戊戌
天德 寶光 建刑	金匱 福德 狗食	長生 朱雀 路空	祿貴 交馳 路空	三合 明堂 福星	青龍 日祿 地兵	己亥
天赦 左輔 朱雀	喜神 不遇 天兵	明堂 帝旺 進貴	三合 日祿 青龍	貴人 進祿 路空	日沖 大凶 路空	庚子
明堂 日馬 大退	青龍 六戊 雷兵	三合 天赦 日祿	喜神 司命 天兵	日破 大凶 玄武	羅紋 交貴 大進	辛丑
祿貴 交馳 六合	三合 司命 地兵	大進 傳送 天武	日沖 大凶 勿用	玉堂 天官 天赦	喜神 三合 天兵	壬寅
三合 生旺 路空	六合 進貴 路空	日沖 大凶 五鬼	國印 白虎 地兵	三合 寶光 天德	金匱 雷兵 六戊	癸卯
六申 趨乾 玉堂	日破 大凶 白虎	六合 寶光 路空	三合 金匱 路空	天官 貴人 朱雀	貪狼 天刑 地兵	甲辰
日沖 大凶 勿用	喜神 金匱 天兵	三合 太陽 朱雀	六合 貴人 天賊	明堂 進貴 路空	青龍 長生 路空	乙巳
祿貴 交馳 朱雀	三合 福星 六戊	明堂 貴人 天赦	喜神 青龍 天兵	六合 長生 勾陳	大進 司命 帝旺	丙午
三合 明堂 貴人	青龍 進貴 地兵	大進 貴人 福星	司命 進貴 六戊	同類 相資 元武	喜神 日祿 天兵	丁未
少微 勾陳 路空	司命 鳳輦 路空	功曹 元武 五鬼	福星 進祿 地兵	羅紋 交貴 玉堂	帝旺 白虎 六戊	戊申

壬寅年每日時局表

巳	辰	卯	寅	丑	子	時／日
三合 生旺 朱雀	六合 雷兵 六戊	日破 大凶 旬空	喜神 青龍 天兵	三合 唐符 不遇	大進 貴人 司命	己酉
長生 明堂 傳送	日破 大凶 地兵	六合 大進 勾陳	三合 司命 六戊	天赦 貴人 元武	喜神 天牢 天兵	庚戌
日破 大凶 路空	司命 進祿 路空	三合 元武 天賊	六合 貴人 天兵	玉堂 少微 五鬼	長生 白虎 六戊	辛亥
羅紋 交貴 天賊	三合 福星 武曲	祿貴 交馳 路空	趨艮 白虎 路空	六合 天德 寶光	金匱 福德 地福	壬子
三合 貴人 玉堂	喜神 白虎 天兵	福星 貴人 寶光	金匱 進貴 天賊	同類 相資 路空	大進 日祿 路空	癸丑
寶光 大退 日刑	金匱 雷兵 六戊	天赦 帝旺 朱雀	喜神 日祿 天兵	明堂 貴人 右弼	大進 青龍 進祿	甲寅
日馬 少微 朱雀	武曲 天刑 地兵	大進 日祿 明堂	青龍 雷兵 六戊	天赦 福星 勾陳	司命 貴人 天兵	乙卯
明堂 日祿 路空	青龍 建刑 路空	幹合 勾陳 日害	長生 司命 地兵	國印 元武 旬空	三合 福星 六戊	丙辰
帝旺 左輔 勾陳	司命 傳送 右弼	進貴 元武 路空	進貴 大退 路空	三合 玉堂 少微	貪狼 白虎 地兵	丁巳
日祿 天赦 元武	喜神 武曲 天兵	玉堂 天官 少微	三合 生旺 白虎	寶光 貴人 路空	日破 大凶 路空	戊午
帝旺 玉堂 大退	進貴 白虎 六戊	三合 寶光 天赦	喜神 金匱 天兵	日破 大凶 朱雀	大進 羅紋 交貴	己未
六合 長生 寶光	三合 金匱 地兵	大進 進貴 天賊	日破 大凶 六戊	明堂 貴人 天赦	三合 青龍 天兵	庚申
三合 福星 路空	六合 天刑 路空	日沖 大凶 勿用	青龍 貴人 地兵	三合 武曲 勾陳	司命 長生 六戊	辛酉
明堂 貴人 天賊	日破 大凶 勿用	六合 貴人 路空	三合 司命 路空	天官 水星 元武	帝旺 天牢 地兵	壬戌
日破 大凶 勾陳	喜神 司命 天兵	三合 長生 貴人	六合 臨官 天牢	玉堂 少微 路空	大進 日祿 路空	癸亥

壬寅年每日時局表

亥	戌	酉	申	未	午	時／日
馬元 不遇 元武	右弼 太陰 天牢	長生 玉堂 路空	貴人 路空 白虎	福星 寶光 進祿	金匱 日祿 地兵	己酉
玉堂 天赦 少微	喜神 白虎 天兵	天德 寶光 帝旺	金匱 日祿 馬元	貴人 朱雀 路空	福星 天官 路空	庚戌
天德 寶光 大退	金匱 雷兵 六戊	天赦 日祿 進貴	喜神 明堂 天兵	三合 明堂 武曲	大進 貴人 青龍	辛亥
日祿 少微 朱雀	右弼 天刑 地兵	大進 進貴 明堂	三合 青龍 六戊	天赦 天官 勾陳	日破 大凶 天兵	壬子
明堂 日馬 路空	青龍 日刑 路空	三合 扶元 勾陳	司命 進貴 天兵	日破 大凶 玄武	進貴 天牢 六戊	癸丑
六合 長生 勾陳	三合 司命 進祿	天官 唐符 路空	日破 大凶 路空	羅紋 交貴 玉堂	三合 白虎 地兵	甲寅
天赦 三合 福星	喜神 六合 天兵	日沖 大凶 勿用	貴人 白虎 大退	三合 寶光 路空	長生 金匱 路空	乙卯
玉堂 貴人 大退	日破 大凶 六戊	天赦 貴人 寶光	喜神 金匱 天兵	少微 右彈 朱雀	大進 帝旺 天刑	丙辰
日破 大凶 五鬼	金匱 福德 地兵	三合 大進 貴人	六合 進祿 六戊	天赦 明堂 武曲	喜神 日祿 天兵	丁巳
少微 朱雀 路空	三合 財局 路空	明堂 貪狼 進貴	青龍 福星 地兵	祿貴 交馳 勾陳	司命 帝旺 六戊	戊午
三合 明堂 不遇	青龍 進貴 日刑	長生 勾陳 路空	司命 貴人 路空	福星 右弼 元武	祿貴 交馳 地兵	己未
天赦 水星 勾陳	喜神 司命 天兵	帝旺 進貴 元武	日祿 太陽 天牢	玉堂 貴人 路空	福星 天官 路空	庚申
日馬 元武 大退	雷兵 天牢 六戊	祿貴 交馳 天赦	喜神 進貴 天兵	天德 寶光 黃道	大進 貴人 金匱	辛酉
玉堂 日祿 少微	武曲 白虎 地兵	六進 天德 寶光	金匱 日馬 六戊	天官 天赦 朱雀	喜神 三合 天兵	壬戌
寶光 帝旺 路空	金匱 進祿 路空	進馬 朱雀 五鬼	國印 天刑 地兵	三合 明堂 不遇	青龍 雷兵 六戊	癸亥

四

財喜貴方

如何運用財喜貴方

吉祥方位與煞方，也就是一般說的財喜貴方與煞方。傳統上認為，每個方位每天都有不同的吉凶神輪值。一般來說吉神方位有**財神**、**喜門**、**貴門**、**文昌**、**正財**與**偏財**，而凶神則有**煞方**。

以二〇二二年國曆一月二日這天來說，這天的財神在**東南方**，正財在**正東方**。這兩個方位關係到正財的部分，也就是平常正規的收入。所以如果今天正好是關係到加薪，或是談生意的日子，那出門後就可選擇往東南或東北的方位走路或開車三到五分鐘，就可以承接到財神的財氣。

偏財方關係的是偏財的進帳，像是賺外快或者是買彩券的人，出門時可以先往今天的偏財方走，便大大的增加中獎的機率。

喜門是喜事的方位，想要求婚、提親或者是告白甚至是第一次約會的人，出門前可以先往喜門的方位走，可以增加成功的機率。

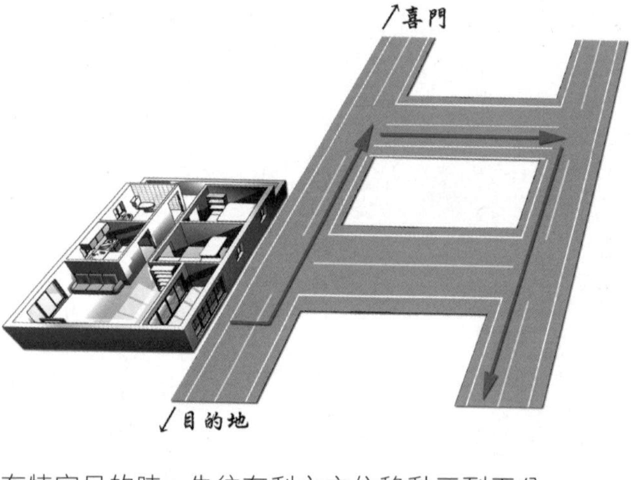

有特定目的時，先往有利之方位移動三到五分鐘，再前往目的地。例如想要告白者，出門後可以先往喜門方向移動，再前往約會場所。

貴門是貴人的方位，希望貴人運強一點的，則可以往貴門的方向走，就可以招來更強的貴人運，避開小人，讓你工作更順利。

文昌關係到考試、讀書等事情，有考試的考生或是工作上要參加升等考試，出門前可以先往今天的文昌方位走，除了能為自己增加一些分數外，也具有穩定自己軍心的作用。

煞方則是當日凶神所在的地方，要盡量避免往該方面活動，以免好事多磨，壞事折磨，如果無可避免的要往那個方位走，那麼出門前不妨多繞一點路，先往其他的好方位走，再轉往目的地，以避免沾染不好的氣場。

有特定目的時，先往有利之方位移動三到五分鐘，再前往目的地。例如想要告白者，出門後可以先往喜門方向移動，再前往約會場所。

目的地為煞方時，先往有利之方位移動三到五分鐘，再前往目的地。例如目的地為煞方，出門後可先往財位方向移動，再前往原目的地。

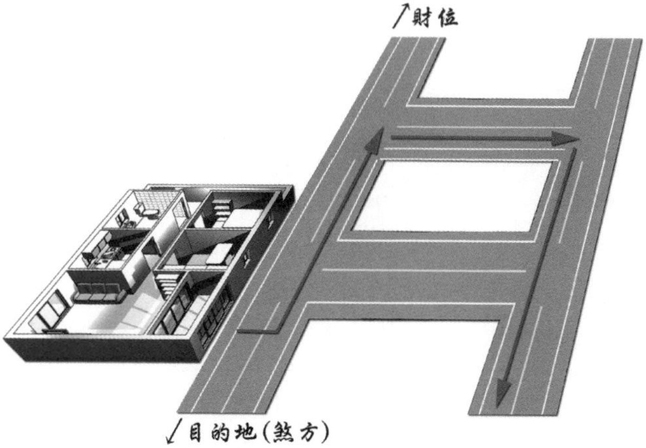

目的地為煞方時，先往有利之方位移動三到五分鐘，再前往目的地。例如目的地為煞方，出門後可先往財位方向移動，再前往原目的地。

壬寅年財喜貴煞方位表

二〇二二國曆一月	農曆十二月大	支干	財神	喜門	貴門	文昌	正財	偏財	煞方
1	**廿九**	甲寅	東南	東北	東北	東南	東北	中央	正北
2	**三十**	乙卯	東南	西北	西南	正南	正東	中央	正西
3	**十二月**	丙辰	正西	西南	正西	西南	東南	正西	正南
4	**初二**	丁巳	正西	正南	正西	正西	正南	正西	正東
5	**初三**	戊午	正北	東南	西南	西南	東南	正北	正北
6	**初四**	己未	正北	東北	西南	正西	正南	正北	正西
7	**初五**	庚申	正東	西北	西南	西北	西南	正東	正南
8	**初六**	辛酉	正東	西南	東北	正北	正西	正東	正東
9	**初七**	壬戌	正南	正南	正東	東北	西北	正南	正北
10	**初八**	癸亥	正南	東南	正東	正東	正北	正南	正西
11	**初九**	甲子	東南	東北	東北	東南	東北	中央	正南
12	**初十**	乙丑	東南	西北	正北	正南	正東	中央	正東
13	**十一**	丙寅	正西	西南	正西	西南	東南	正西	正北
14	**十二**	丁卯	正西	正南	西北	正西	正南	正西	正西
15	**十三**	戊辰	正北	東南	東北	正北	東南	正北	正南

壬寅年財喜貴煞方位表

二〇二二國曆一月	農曆十二月大	支干	財神	喜門	貴門	文昌	正財	偏財	煞方
16	十四	己巳	正北	東北	西南	正西	正南	正北	正東
17	十五	庚午	正東	西北	西南	西北	西南	正東	正北
18	十六	辛未	正東	西南	正南	正北	正西	正東	正西
19	十七	壬申	正南	正南	正東	東北	西北	正南	正南
20	十八	癸酉	正南	東南	東南	正東	正北	正南	正東
21	十九	甲戌	東南	東北	東北	東南	東北	中央	正北
22	二十	乙亥	東南	西北	西南	正南	正東	中央	正西
23	廿一	丙子	正西	西南	正西	西南	東南	正西	正南
24	廿二	丁丑	正西	正南	西北	正西	正南	正西	正東
25	廿三	戊寅	正北	東南	東北	西南	東南	正北	正北
26	廿四	己卯	正北	東北	西南	正西	正南	正北	正西
27	廿五	庚辰	正東	西北	東北	西北	西南	正東	正南
28	廿六	辛巳	正東	西南	東北	正北	西南	正東	正東
29	廿七	壬午	正南	正南	正東	東北	西北	正南	正北
30	廿八	癸未	正南	東南	正東	正東	正北	正南	正西
31	廿九	甲申	東南	東北	西南	東南	東北	中央	正南

壬寅年財喜貴煞方位表

二〇二二國曆二月	農曆正月小	支干	財神	喜門	貴門	文昌	正財	偏財	煞方
1	正月	乙酉	東南	西北	西南	正南	正東	中央	正東
2	初二	丙戌	正西	西南	正西	西南	東南	正西	正北
3	初三	丁亥	正西	正南	正西	正西	正南	正西	正西
4	初四	戊子	正北	東南	東北	西北	西南	正東	正南
5	初五	己丑	正北	東北	正北	正北	正西	正東	正東
6	初六	庚寅	正東	西北	東北	東北	西北	正南	正北
7	初七	辛卯	正東	西南	東北	正東	正北	正南	正西
8	初八	壬辰	正南	正南	正東	東南	東北	中央	正南
9	初九	癸巳	正南	東南	東南	正南	正東	中央	正東
10	初十	甲午	東南	東北	西南	西南	東南	正西	正北
11	十一	乙未	東南	西北	西南	正南	正東	中央	正西
12	十二	丙申	正西	西南	正西	西南	東南	正西	正南
13	十三	丁酉	正西	正南	西北	正西	正南	正西	正東
14	十四	戊戌	正北	東南	東北	西南	東南	正北	正北
15	十五	己亥	正北	東北	西南	正西	正南	正北	正西

壬寅年財喜貴煞方位表

二〇二二國曆二月	農曆正月小	支干	財神	喜門	貴門	文昌	正財	偏財	煞方
16	十六	庚子	正東	西北	東北	西北	西南	正東	正南
17	十七	辛丑	正東	西南	東北	正北	正西	正東	正東
18	十八	壬寅	正南	正南	正東	東北	西北	正南	正北
19	十九	癸卯	正南	東南	正東	正東	正北	正南	正西
20	二十	甲辰	東南	東北	西南	東南	東北	中央	正南
21	廿一	乙巳	東南	西北	正北	正南	正東	中央	正東
22	廿二	丙午	正西	西南	西北	西南	東南	正西	正北
23	廿三	丁未	正西	正南	西北	正西	正南	正西	正西
24	廿四	戊申	正北	東南	西南	西南	東南	正南	正南
25	廿五	己酉	正北	東北	西南	正西	正南	正北	正東
26	廿六	庚戌	正東	西北	西南	西北	西南	正東	正北
27	廿七	辛亥	正東	西南	正南	正北	正西	正東	正西
28	廿八	壬子	正南	正南	正東	東北	西北	正南	正南

壬寅年財喜貴煞方位表

二〇二二國曆三月	農曆二月大	支干	財神	喜門	貴門	文昌	正財	偏財	煞方
1	廿九	癸丑	正南	東南	正東	正東	正北	正南	正東
2	三十	甲寅	東南	東北	東北	東南	東北	中央	正北
3	二月	乙卯	東南	西北	西南	正南	正東	中央	正西
4	初二	丙辰	正西	西南	正西	西南	東南	正西	正南
5	初三	丁巳	正西	正南	正西	正西	正南	正西	正東
6	初四	戊午	正北	東南	西南	西南	東南	正北	正北
7	初五	己未	正北	東北	西南	正西	正南	正北	正西
8	初六	庚申	正東	西北	西南	西北	西南	正東	正南
9	初七	辛酉	正東	西南	東北	正北	正西	正東	正東
10	初八	壬戌	正南	正南	正東	東北	西北	正南	正北
11	初九	癸亥	正南	東南	正東	正東	正北	正南	正西
12	初十	甲子	東南	東北	東北	東南	東北	中央	正南
13	十一	乙丑	東南	西北	正北	正南	正東	中央	正東
14	十二	丙寅	正西	西南	正西	西南	東南	正西	正北
15	十三	丁卯	正西	正南	西北	正西	正南	正西	正西

壬寅年財喜貴煞方位表

二〇二二國曆三月	農曆二月大	支干	財神	喜門	貴門	文昌	正財	偏財	煞方
16	十四	戊辰	正北	東南	東北	正北	東南	正北	正南
17	十五	己巳	正北	東北	西南	正西	正南	正北	正東
18	十六	庚午	正東	西北	西南	西北	西南	正東	正北
19	十七	辛未	正東	西南	正南	正北	正西	正東	正西
20	十八	壬申	正南	正南	正東	東北	西北	正南	正南
21	十九	癸酉	正南	東南	東南	正東	正北	正南	正東
22	二十	甲戌	東南	東北	東北	東南	東北	中央	正北
23	廿一	乙亥	東南	西北	西南	正南	正東	中央	正西
24	廿二	丙子	正西	西南	正西	西南	東南	正西	正南
25	廿三	丁丑	正西	正南	西北	正西	正南	正西	正東
26	廿四	戊寅	正北	東南	東北	西南	東南	正北	正北
27	廿五	己卯	正北	東北	西南	正西	正南	正北	正西
28	廿六	庚辰	正東	西北	東北	西北	西南	正東	正南
29	廿七	辛巳	正東	西南	東北	正北	西南	正東	正東
30	廿八	壬午	正南	正南	正東	東北	西北	正南	正北
31	廿九	癸未	正南	東南	正東	正東	正北	正南	正西

壬寅年財喜貴煞方位表

二〇二二國曆四月	農曆三月大	支干	財神	喜門	貴門	文昌	正財	偏財	煞方
1	**三月**	甲申	東南	東北	西南	東南	東北	中央	正南
2	**初二**	乙酉	東南	西北	西南	正南	正東	中央	正東
3	**初三**	丙戌	正西	西南	正西	西南	東南	正西	正北
4	**初四**	丁亥	正西	正南	正西	正西	正南	正西	正西
5	**初五**	戊子	正北	東南	東北	西北	西南	正東	正南
6	**初六**	己丑	正北	東北	正北	正北	正西	正東	正東
7	**初七**	庚寅	正東	西北	東北	東北	西北	正南	正北
8	**初八**	辛卯	正東	西南	東北	正東	正北	正南	正西
9	**初九**	壬辰	正南	正南	正東	東南	東北	中央	正南
10	**初十**	癸巳	正南	東南	東南	正南	正東	中央	正東
11	**十一**	甲午	東南	東北	西南	西南	東南	正西	正北
12	**十二**	乙未	東南	西北	西南	正南	正東	中央	正西
13	**十三**	丙申	正西	西南	正西	西南	東南	正西	正南
14	**十四**	丁酉	正西	正南	西北	正西	正南	正西	正東
15	**十五**	戊戌	正北	東南	東北	西南	東南	正北	正北

壬寅年財喜貴煞方位表

二〇二二國曆四月	農曆三月大	支干	財神	喜門	貴門	文昌	正財	偏財	煞方
16	十六	己亥	正北	東北	西南	正西	正南	正北	正西
17	十七	庚子	正東	西北	東北	西北	西南	正東	正南
18	十八	辛丑	正東	西南	東北	正北	正西	正東	正東
19	十九	壬寅	正南	正南	正東	東北	西北	正南	正北
20	二十	癸卯	正南	東南	正東	正東	正北	正南	正西
21	廿一	甲辰	東南	東北	西南	東南	東北	中央	正南
22	廿二	乙巳	東南	西北	正北	正南	正東	中央	正東
23	廿三	丙午	正西	西南	西北	西南	東南	正西	正北
24	廿四	丁未	正西	正南	西北	正西	正南	正西	正西
25	廿五	戊申	正北	東南	西南	西南	東南	正南	正南
26	廿六	己酉	正北	東北	西南	正西	正南	正北	正東
27	廿七	庚戌	正東	西北	西南	西北	西南	正東	正北
28	廿八	辛亥	正東	西南	正南	正北	正西	正東	正西
29	廿九	壬子	正南	正南	正東	東北	西北	正南	正南
30	三十	癸丑	正南	東南	正東	正東	正北	正南	正東

壬寅年財喜貴煞方位表

二〇二二國曆五月	農曆四月小	支干	財神	喜門	貴門	文昌	正財	偏財	煞方
1	四月	甲寅	東南	東北	東北	東南	東北	中央	正北
2	初二	乙卯	東南	西北	西南	正南	正東	中央	正西
3	初三	丙辰	正西	西南	正西	西南	東南	正西	正南
4	初四	丁巳	正西	正南	正西	正西	正南	正西	正東
5	初五	戊午	正北	東南	西南	西南	東南	正北	正北
6	初六	己未	正北	東北	西南	正西	正南	正北	正西
7	初七	庚申	正東	西北	西南	西北	西南	正東	正南
8	初八	辛酉	正東	西南	東北	正北	正西	正東	正東
9	初九	壬戌	正南	正南	正東	東北	西北	正南	正北
10	初十	癸亥	正南	東南	正東	正東	正北	正南	正西
11	十一	甲子	東南	東北	東北	東南	東北	中央	正南
12	十二	乙丑	東南	西北	正北	正南	正東	中央	正東
13	十三	丙寅	正西	西南	正西	西南	東南	正西	正北
14	十四	丁卯	正西	正南	西北	正西	正南	正西	正西
15	十五	戊辰	正北	東南	東北	正北	東南	正北	正南

壬寅年財喜貴煞方位表

二〇二二國曆五月	農曆四月小	支干	財神	喜門	貴門	文昌	正財	偏財	煞方
16	十六	己巳	正北	東北	西南	正西	正南	正北	正東
17	十七	庚午	正東	西北	西南	西北	西南	正東	正北
18	十八	辛未	正東	西南	正南	正北	正西	正東	正西
19	十九	壬申	正南	正南	正東	東北	西北	正南	正南
20	二十	癸酉	正南	東南	東南	正東	正北	正南	正東
21	廿一	甲戌	東南	東北	東北	東南	東北	中央	正北
22	廿二	乙亥	東南	西北	西南	正南	正東	中央	正西
23	廿三	丙子	正西	西南	正西	西南	東南	正西	正南
24	廿四	丁丑	正西	正南	西北	正西	正南	正西	正東
25	廿五	戊寅	正北	東南	東北	西南	東南	正北	正北
26	廿六	己卯	正北	東北	西南	正西	正南	正北	正西
27	廿七	庚辰	正東	西北	東北	西北	西南	正東	正南
28	廿八	辛巳	正東	西南	東北	正北	西南	正東	正東
29	廿九	壬午	正南	正南	正東	東北	西北	正南	正北
30	五月	癸未	正南	東南	正東	正東	正北	正南	正西
31	初二	甲申	東南	東北	西南	東南	東北	中央	正南

壬寅年財喜貴煞方位表

二〇二二國曆六月	農曆五月大	支干	財神	喜門	貴門	文昌	正財	偏財	煞方
1	**初三**	乙酉	東南	西北	西南	正南	正東	中央	正東
2	**初四**	丙戌	正西	西南	正西	西南	東南	正西	正北
3	**初五**	丁亥	正西	正南	正西	正西	正南	正西	正西
4	**初六**	戊子	正北	東南	東北	西北	西南	正東	正南
5	**初七**	己丑	正北	東北	正北	正北	正西	正東	正東
6	**初八**	庚寅	正東	西北	東北	東北	西北	正南	正北
7	**初九**	辛卯	正東	西南	東北	正東	正北	正南	正西
8	**初十**	壬辰	正南	正南	正東	東南	東北	中央	正南
9	**十一**	癸巳	正南	東南	東南	正南	正東	中央	正東
10	**十二**	甲午	東南	東北	西南	西南	東南	正西	正北
11	**十三**	乙未	東南	西北	西南	正南	正東	中央	正西
12	**十四**	丙申	正西	西南	正西	西南	東南	正西	正南
13	**十五**	丁酉	正西	正南	西北	正西	正南	正西	正東
14	**十六**	戊戌	正北	東南	東北	西南	東南	正北	正北
15	**十七**	己亥	正北	東北	西南	正西	正南	正北	正西

壬寅年財喜貴煞方位表

煞方	偏財	正財	文昌	貴門	喜門	財神	支干	農曆五月大	二〇二二國曆六月
正南	正東	西南	西北	東北	西北	正東	庚子	**十八**	16
正東	正東	正西	正北	東北	西南	正東	辛丑	**十九**	17
正北	正南	西北	東北	正東	正南	正南	壬寅	**二十**	18
正西	正南	正北	正東	正東	東南	正南	癸卯	**廿一**	19
正南	中央	東北	東南	西南	東北	東南	甲辰	**廿二**	20
正東	中央	正東	正南	正北	西北	東南	乙巳	**廿三**	21
正北	正西	東南	西南	西北	西南	正西	丙午	**廿四**	22
正西	正西	正南	正西	西北	正南	正西	丁未	**廿五**	23
正南	正南	東南	西南	西南	東南	正北	戊申	**廿六**	24
正東	正北	正南	正西	西南	東北	正北	己酉	**廿七**	25
正北	正東	西南	西北	西南	西北	正東	庚戌	**廿八**	26
正西	正東	正西	正北	正南	西南	正東	辛亥	**廿九**	27
正南	正南	西北	東北	正東	正南	正南	壬子	**三十**	28
正東	正南	正北	正東	正東	東南	正南	癸丑	**六月**	29
正北	中央	東北	東南	東北	東北	東南	甲寅	**初二**	30

壬寅年財喜貴煞方位表

二〇二二國曆七月	農曆六月小	支干	財神	喜門	貴門	文昌	正財	偏財	煞方
1	**初三**	乙卯	東南	西北	西南	正南	正東	中央	正西
2	**初四**	丙辰	正西	西南	正西	西南	東南	正西	正南
3	**初五**	丁巳	正西	正南	正西	正西	正南	正西	正東
4	**初六**	戊午	正北	東南	西南	西南	東南	正北	正北
5	**初七**	己未	正北	東北	西南	正西	正南	正北	正西
6	**初八**	庚申	正東	西北	西南	西北	西南	正東	正南
7	**初九**	辛酉	正東	西南	東北	正北	正西	正東	正東
8	**初十**	壬戌	正南	正南	正東	東北	西北	正南	正北
9	**十一**	癸亥	正南	東南	正東	正東	正北	正南	正西
10	**十二**	甲子	東南	東北	東北	東南	東北	中央	正南
11	**十三**	乙丑	東南	西北	正北	正南	正東	中央	正東
12	**十四**	丙寅	正西	西南	正西	西南	東南	正西	正北
13	**十五**	丁卯	正西	正南	西北	正西	正南	正西	正西
14	**十六**	戊辰	正北	東南	東北	正北	東南	正北	正南
15	**十七**	己巳	正北	東北	西南	正西	正南	正北	正東

壬寅年財喜貴煞方位表

二〇二二國曆七月	農曆六月小	支干	財神	喜門	貴門	文昌	正財	偏財	煞方
16	十八	庚午	正東	西北	西南	西北	西南	正東	正北
17	十九	辛未	正東	西南	正南	正北	正西	正東	正西
18	二十	壬申	正南	正南	正東	東北	西北	正南	正南
19	廿一	癸酉	正南	東南	東南	正東	正北	正南	正東
20	廿二	甲戌	東南	東北	東北	東南	東北	中央	正北
21	廿三	乙亥	東南	西北	西南	正南	正東	中央	正西
22	廿四	丙子	正西	西南	正西	西南	東南	正西	正南
23	廿五	丁丑	正西	正南	西北	正西	正南	正西	正東
24	廿六	戊寅	正北	東南	東北	西南	東南	正北	正北
25	廿七	己卯	正北	東北	西南	正西	正南	正北	正西
26	廿八	庚辰	正東	西北	東北	西北	西南	正東	正南
27	廿九	辛巳	正東	西南	東北	正北	西南	正東	正東
28	三十	壬午	正南	正南	正東	東北	西北	正南	正北
29	七月	癸未	正南	東南	正東	正東	正北	正南	正西
30	初二	甲申	東南	東北	西南	東南	東北	中央	正南
31	初三	乙酉	東南	西北	西南	正南	正東	中央	正東

壬寅年財喜貴煞方位表

二〇二二國曆八月	農曆七月大	支干	財神	喜門	貴門	文昌	正財	偏財	煞方
1	**初四**	丙戌	正西	西南	正西	西南	東南	正西	正北
2	**初五**	丁亥	正西	正南	正西	正西	正南	正西	正西
3	**初六**	戊子	正北	東南	東北	西北	西南	正東	正南
4	**初七**	己丑	正北	東北	正北	正北	正西	正東	正東
5	**初八**	庚寅	正東	西北	東北	東北	西北	正南	正北
6	**初九**	辛卯	正東	西南	東北	正東	正北	正南	正西
7	**初十**	壬辰	正南	正南	正東	東南	東北	中央	正南
8	**十一**	癸巳	正南	東南	東南	正南	正東	中央	正東
9	**十二**	甲午	東南	東北	西南	西南	東南	正西	正北
10	**十三**	乙未	東南	西北	西南	正南	正東	中央	正西
11	**十四**	丙申	正西	西南	正西	西南	東南	正西	正南
12	**十五**	丁酉	正西	正南	西北	正西	正南	正西	正東
13	**十六**	戊戌	正北	東南	東北	西南	東南	正北	正北
14	**十七**	己亥	正北	東北	西南	正西	正南	正北	正西
15	**十八**	庚子	正東	西北	東北	西北	西南	正東	正南

壬寅年財喜貴煞方位表

二〇二二國曆八月	農曆七月大	支干	財神	喜門	貴門	文昌	正財	偏財	煞方
16	十九	辛丑	正東	西南	東北	正北	正西	正東	正東
17	二十	壬寅	正南	正南	正東	東北	西北	正南	正北
18	廿一	癸卯	正南	東南	正東	正東	正北	正南	正西
19	廿二	甲辰	東南	東北	西南	東南	東北	中央	正南
20	廿三	乙巳	東南	西北	正北	正南	正東	中央	正東
21	廿四	丙午	正西	西南	西北	西南	東南	正西	正北
22	廿五	丁未	正西	正南	西北	正西	正南	正西	正西
23	廿六	戊申	正北	東南	西南	西南	東南	正南	正南
24	廿七	己酉	正北	東北	西南	正西	正南	正北	正東
25	廿八	庚戌	正東	西北	西南	西北	西南	正東	正北
26	廿九	辛亥	正東	西南	正南	正北	正西	正東	正西
27	八月	壬子	正南	正南	正東	東北	西北	正南	正南
28	初二	癸丑	正南	東南	正東	正東	正北	正南	正東
29	初三	甲寅	東南	東北	東北	東南	東北	中央	正北
30	初四	乙卯	東南	西北	西南	正南	正東	中央	正西
31	初五	丙辰	正西	西南	正西	西南	東南	正西	正南

壬寅年財喜貴煞方位表

二〇二二 國曆九月	農曆 八月小	支干	財神	喜門	貴門	文昌	正財	偏財	煞方
1	初六	丁巳	正西	正南	正西	正西	正南	正西	正東
2	初七	戊午	正北	東南	西南	西南	東南	正北	正北
3	初八	己未	正北	東北	西南	正西	正南	正北	正西
4	初九	庚申	正東	西北	西南	西北	西南	正東	正南
5	初十	辛酉	正東	西南	東北	正北	正西	正東	正東
6	十一	壬戌	正南	正南	正東	東北	西北	正南	正北
7	十二	癸亥	正南	東南	正東	正東	正北	正南	正西
8	十三	甲子	東南	東北	東北	東南	東北	中央	正南
9	十四	乙丑	東南	西北	正北	正南	正東	中央	正東
10	十五	丙寅	正西	西南	正西	西南	東南	正西	正北
11	十六	丁卯	正西	正南	西北	正西	正南	正西	正西
12	十七	戊辰	正北	東南	東北	正北	東南	正北	正南
13	十八	己巳	正北	東北	西南	正西	正南	正北	正東
14	十九	庚午	正東	西北	西南	西北	西南	正東	正北
15	二十	辛未	正東	西南	正南	正北	正西	正東	正西

壬寅年財喜貴煞方位表

二〇二二國曆九月	農曆八月小	支干	財神	喜門	貴門	文昌	正財	偏財	煞方
16	廿一	壬申	正南	正南	正東	東北	西北	正南	正南
17	廿二	癸酉	正南	東南	東南	正東	正北	正南	正東
18	廿三	甲戌	東南	東北	東北	東南	東北	中央	正北
19	廿四	乙亥	東南	西北	西南	正南	正東	中央	正西
20	廿五	丙子	正西	西南	正西	西南	東南	正西	正南
21	廿六	丁丑	正西	正南	西北	正西	正南	正西	正東
22	廿七	戊寅	正北	東南	東北	西南	東南	正北	正北
23	廿八	己卯	正北	東北	西南	正西	正南	正北	正西
24	廿九	庚辰	正東	西北	東北	西北	西南	正東	正南
25	三十	辛巳	正東	西南	東北	正北	西南	正東	正東
26	九月	壬午	正南	正南	正東	東北	西北	正南	正北
27	初二	癸未	正南	東南	正東	正東	正北	正南	正西
28	初三	甲申	東南	東北	西南	東南	東北	中央	正南
29	初四	乙酉	東南	西北	西南	正南	正東	中央	正東
30	初五	丙戌	正西	西南	正西	西南	東南	正西	正北

壬寅年財喜貴煞方位表

二〇二二 國曆十月	農曆 九月大	支干	財神	喜門	貴門	文昌	正財	偏財	煞方
1	初六	丁亥	正西	正南	正西	正西	正南	正西	正西
2	初七	戊子	正北	東南	東北	西北	西南	正東	正南
3	初八	己丑	正北	東北	正北	正北	正西	正東	正東
4	初九	庚寅	正東	西北	東北	東北	西北	正南	正北
5	初十	辛卯	正東	西南	東北	正東	正北	正南	正西
6	十一	壬辰	正南	正南	正東	東南	東北	中央	正南
7	十二	癸巳	正南	東南	東南	正南	正東	中央	正東
8	十三	甲午	東南	東北	西南	西南	東南	正西	正北
9	十四	乙未	東南	西北	西南	正南	正東	中央	正西
10	十五	丙申	正西	西南	正西	西南	東南	正西	正南
11	十六	丁酉	正西	正南	西北	正西	正南	正西	正東
12	十七	戊戌	正北	東南	東北	西南	東南	正北	正北
13	十八	己亥	正北	東北	西南	正西	正南	正北	正西
14	十九	庚子	正東	西北	東北	西北	西南	正東	正南
15	二十	辛丑	正東	西南	東北	正北	正西	正東	正東

壬寅年財喜貴煞方位表

煞方	偏財	正財	文昌	貴門	喜門	財神	支干	農曆九月大	二〇二二國曆十月
正北	正南	西北	東北	正東	正南	正南	壬寅	廿一	16
正西	正南	正北	正東	正東	東南	正南	癸卯	廿二	17
正南	中央	東北	東南	西南	東北	東南	甲辰	廿三	18
正東	中央	正東	正南	正北	西北	東南	乙巳	廿四	19
正北	正西	東南	西南	西北	西南	正西	丙午	廿五	20
正西	正西	正南	正西	西北	正南	正西	丁未	廿六	21
正南	正南	東南	西南	西南	東南	正北	戊申	廿七	22
正東	正北	正南	正西	西南	東北	正北	己酉	廿八	23
正北	正東	西南	西北	西南	西北	正東	庚戌	廿九	24
正西	正東	正西	正北	正南	西南	正東	辛亥	十月	25
正南	正南	西北	東北	正東	正南	正南	壬子	初二	26
正東	正南	正北	正東	正東	東南	正南	癸丑	初三	27
正北	中央	東北	東南	東北	東北	東南	甲寅	初四	28
正西	中央	正東	正南	西南	西北	東南	乙卯	初五	29
正南	正西	東南	西南	正西	西南	正西	丙辰	初六	30
正東	正西	正南	正西	正西	正南	正西	丁巳	初七	31

壬寅年財喜貴煞方位表

二〇二二國曆十一月	農曆十月小	支干	財神	喜門	貴門	文昌	正財	偏財	煞方
1	初八	戊午	正北	東南	西南	西南	東南	正北	正北
2	初九	己未	正北	東北	西南	正西	正南	正北	正西
3	初十	庚申	正東	西北	西南	西北	西南	正東	正南
4	十一	辛酉	正東	西南	東北	正北	正西	正東	正東
5	十二	壬戌	正南	正南	正東	東北	西北	正南	正北
6	十三	癸亥	正南	東南	正東	正東	正北	正南	正西
7	十四	甲子	東南	東北	東北	東南	東北	中央	正南
8	十五	乙丑	東南	西北	正北	正南	正東	中央	正東
9	十六	丙寅	正西	西南	正西	西南	東南	正西	正北
10	十七	丁卯	正西	正南	西北	正西	正南	正西	正西
11	十八	戊辰	正北	東南	東北	正北	東南	正北	正南
12	十九	己巳	正北	東北	西南	正西	正南	正北	正東
13	二十	庚午	正東	西北	西南	西北	西南	正東	正北
14	廿一	辛未	正東	西南	正南	正北	正西	正東	正西
15	廿二	壬申	正南	正南	正東	東北	西北	正南	正南

壬寅年財喜貴煞方位表

二〇二二 國曆十一月	農曆 十月小	支干	財神	喜門	貴門	文昌	正財	偏財	煞方
16	廿三	癸酉	正南	東南	東南	正東	正北	正南	正東
17	廿四	甲戌	東南	東北	東北	東南	東北	中央	正北
18	廿五	乙亥	東南	西北	西南	正南	正東	中央	正西
19	廿六	丙子	正西	西南	正西	西南	東南	正西	正南
20	廿七	丁丑	正西	正南	西北	正西	正南	正西	正東
21	廿八	戊寅	正北	東南	東北	西南	東南	正北	正北
22	廿九	己卯	正北	東北	西南	正西	正南	正北	正西
23	三十	庚辰	正東	西北	東北	西北	西南	正東	正南
24	十一月	辛巳	正東	西南	東北	正北	西南	正東	正東
25	初二	壬午	正南	正南	正東	東北	西北	正南	正北
26	初三	癸未	正南	東南	正東	正東	正北	正南	正西
27	初四	甲申	東南	東北	西南	東南	東北	中央	正南
28	初五	乙酉	東南	西北	西南	正南	正東	中央	正東
29	初六	丙戌	正西	西南	正西	西南	東南	正西	正北
30	初七	丁亥	正西	正南	正西	正西	正南	正西	正西

壬寅年財喜貴煞方位表

二〇二二 國曆十二月	農曆 十一月大	支干	財神	喜門	貴門	文昌	正財	偏財	煞方
1	初八	戊子	正北	東南	東北	西北	西南	正東	正南
2	初九	己丑	正北	東北	正北	正北	正西	正東	正東
3	初十	庚寅	正東	西北	東北	東北	西北	正南	正北
4	十一	辛卯	正東	西南	東北	正東	正北	正南	正西
5	十二	壬辰	正南	正南	正東	東南	東北	中央	正南
6	十三	癸巳	正南	東南	東南	正南	正東	中央	正東
7	十四	甲午	東南	東北	西南	西南	東南	正西	正北
8	十五	乙未	東南	西北	西南	正南	正東	中央	正西
9	十六	丙申	正西	西南	正西	西南	東南	正西	正南
10	十七	丁酉	正西	正南	西北	正西	正南	正西	正東
11	十八	戊戌	正北	東南	東北	西南	東南	正北	正北
12	十九	己亥	正北	東北	西南	正西	正南	正北	正西
13	二十	庚子	正東	西北	東北	西北	西南	正東	正南
14	廿一	辛丑	正東	西南	東北	正北	正西	正東	正東
15	廿二	壬寅	正南	正南	正東	東北	西北	正南	正北

壬寅年財喜貴煞方位表

二〇二二國曆十二月	農曆十一月大	支干	財神	喜門	貴門	文昌	正財	偏財	煞方
16	廿三	癸卯	正南	東南	正東	正東	正北	正南	正西
17	廿四	甲辰	東南	東北	西南	東南	東北	中央	正南
18	廿五	乙巳	東南	西北	正北	正南	正東	中央	正東
19	廿六	丙午	正西	西南	西北	西南	東南	正西	正北
20	廿七	丁未	正西	正南	西北	正西	正南	正西	正西
21	廿八	戊申	正北	東南	西南	西南	東南	正南	正南
22	廿九	己酉	正北	東北	西南	正西	正南	正北	正東
23	十二月	庚戌	正東	西北	西南	西北	西南	正東	正北
24	初二	辛亥	正東	西南	正南	正北	正西	正東	正西
25	初三	壬子	正南	正南	正東	東北	西北	正南	正南
26	初四	癸丑	正南	東南	正東	正東	正北	正南	正東
27	初五	甲寅	東南	東北	東北	東南	東北	中央	正北
28	初六	乙卯	東南	西北	西南	正南	正東	中央	正西
29	初七	丙辰	正西	西南	正西	西南	東南	正西	正南
30	初八	丁巳	正西	正南	正西	正西	正南	正西	正東
31	初九	戊午	正北	東南	西南	西南	東南	正北	正北

壬寅年財喜貴煞方位表

二〇二三國曆一月	農曆十二月大	支干	財神	喜門	貴門	文昌	正財	偏財	煞方
1	初十	己未	正北	東北	西南	正西	正南	正北	正西
2	十一	庚申	正東	西北	西南	西北	西南	正東	正南
3	十二	辛酉	正東	西南	東北	正北	正西	正東	正東
4	十三	壬戌	正南	正南	正東	東北	西北	正南	正北
5	十四	癸亥	正南	東南	正東	正東	正北	正南	正西
6	十五	甲子	東南	東北	東北	東南	東北	中央	正南
7	十六	乙丑	東南	西北	正北	正南	正東	中央	正東
8	十七	丙寅	正西	西南	正西	西南	東南	正西	正北
9	十八	丁卯	正西	正南	西北	正西	正南	正西	正西
10	十九	戊辰	正北	東南	東北	正北	東南	正北	正南
11	二十	己巳	正北	東北	西南	正西	正南	正北	正東
12	廿一	庚午	正東	西北	西南	西北	西南	正東	正北
13	廿二	辛未	正東	西南	正南	正北	正西	正東	正西
14	廿三	壬申	正南	正南	正東	東北	西北	正南	正南
15	廿四	癸酉	正南	東南	東南	正東	正北	正南	正東

壬寅年財喜貴煞方位表

二〇二三國曆一月	農曆十二月大	支干	財神	喜門	貴門	文昌	正財	偏財	煞方
16	廿五	甲戌	東南	東北	東北	東南	東北	中央	正北
17	廿六	乙亥	東南	西北	西南	正南	正東	中央	正西
18	廿七	丙子	正西	西南	正西	西南	東南	正西	正南
19	廿八	丁丑	正西	正南	西北	正西	正南	正西	正東
20	廿九	戊寅	正北	東南	東北	西南	東南	正北	正北
21	三十	己卯	正北	東北	西南	正西	正南	正北	正西
22	正月	庚辰	正東	西北	東北	西北	西南	正東	正南
23	初二	辛巳	正東	西南	東北	正北	西南	正東	正東
24	初三	壬午	正南	正南	正東	東北	西北	正南	正北
25	初四	癸未	正南	東南	正東	正東	正北	正南	正西
26	初五	甲申	東南	東北	西南	東南	東北	中央	正南
27	初六	乙酉	東南	西北	西南	正南	正東	中央	正東
28	初七	丙戌	正西	西南	正西	西南	東南	正西	正北
29	初八	丁亥	正西	正南	正西	正西	正南	正西	正西
30	初九	戊子	正北	東南	東北	西北	西南	正東	正南
31	初十	己丑	正北	東北	正北	正北	正西	正東	正東

壬寅年財喜貴煞方位表

二〇二三 國曆二月	農曆 正月小	支干	財神	喜門	貴門	文昌	正財	偏財	煞方
1	十一	庚寅	正東	西北	東北	東北	西北	正南	正北
2	十二	辛卯	正東	西南	東北	正東	正北	正南	正西
3	十三	壬辰	正南	正南	正東	東南	東北	中央	正南
4	十四	癸巳	正南	東南	東南	正南	正東	中央	正東
5	十五	甲午	東南	東北	西南	西南	東南	正西	正北
6	十六	乙未	東南	西北	西南	正南	正東	中央	正西
7	十七	丙申	正西	西南	正西	西南	東南	正西	正南
8	十八	丁酉	正西	正南	西北	正西	正南	正西	正東
9	十九	戊戌	正北	東南	東北	西南	東南	正北	正北
10	二十	己亥	正北	東北	西南	正西	正南	正北	正西
11	廿一	庚子	正東	西北	東北	西北	西南	正東	正南
12	廿二	辛丑	正東	西南	東北	正北	正西	正東	正東
13	廿三	壬寅	正南	正南	正東	東北	西北	正南	正北
14	廿四	癸卯	正南	東南	正東	正東	正北	正南	正西
15	廿五	甲辰	東南	東北	西南	東南	東北	中央	正南

壬寅年財喜貴煞方位表

煞方	偏財	正財	文昌	貴門	喜門	財神	支干	農曆 正月小	二〇二三 國曆二月
正東	中央	正東	正南	正北	西北	東南	乙巳	**廿六**	16
正北	正西	東南	西南	西北	西南	正西	丙午	**廿七**	17
正西	正西	正南	正西	西北	正南	正西	丁未	**廿八**	18
正南	正南	東南	西南	西南	東南	正北	戊申	**廿九**	19
正東	正北	正南	正西	西南	東北	正北	己酉	**二月**	20
正北	正東	西南	西北	西南	西北	正東	庚戌	**初二**	21
正西	正東	正西	正北	正南	西南	正東	辛亥	**初三**	22
正南	正南	西北	東北	正東	正南	正南	壬子	**初四**	23
正東	正南	正北	正東	正東	東南	正南	癸丑	**初五**	24
正北	中央	東北	東南	東北	東北	東南	甲寅	**初六**	25
正西	中央	正東	正南	西南	西北	東南	乙卯	**初七**	26
正南	正西	東南	西南	正西	西南	正西	丙辰	**初八**	27
正東	正西	正南	正西	正西	正南	正西	丁巳	**初九**	28

五

壬寅年風水運用大全

壬寅年九宮飛星大解析

九宮飛星的理論認為，代表不同意義的「九星」每年會落在九個不同的方位上，而這九星依照固定的循環，每九年重複一次。又因為位置的轉換是以「年」為單位，因此又被稱作「流年方位」。這九星各自代表不同的意義，主宰人們一年的運勢，對於各方面產生影響。（關於九宮飛星圖的詳細解説與運用方式，可參考《謝沅瑾財運風水教科書》）

九星的種類與意義

一白、貪狼星，主桃花文職：
易遇桃花感情之姻緣情事，同時亦加強官運與財運。

二黑、巨門星，主身心病痛：
外在病痛不斷，內在煩憂頻起，內外交攻永無寧日。

三碧、祿存星，主官非鬥爭：
易遭官非訴訟纏身不休，或遇致使殘廢之病痛意外。

四綠、文昌星，主讀書考試：
加強讀書效果，頭腦判斷能力，強化考運與升職運。

五黃、廉貞星，主災病凶煞：
宜靜不宜動，貿然動土喪葬者必遭凶煞，非死即傷。

六白、武曲星，主軍警官運：
使軍警職易獲拔擢，升遷快速順暢，最終威權震世。

七赤、破軍星，主盜賊破財：

居家出外易遭盜賊，身邊亦有小人環伺，災禍不斷。

八白、左輔星，主富貴功名：

富貴功名源源不絕，能化凶神為吉星，發財又添丁。

九紫、右弼星，主福祿喜事：

能趕煞催貴，遇之必有喜事臨門，有情人終成眷屬。

九星涵蓋了各種福祿壽喜、生老病死之事，也因此每一星的位置好壞與運用都是不能輕忽之事，如果能夠了解每一年的流年方位，並加以妥善運用，對於個人的運勢將會有很不錯的提升。

二〇二二壬寅年九宮飛星圖

	東南	南	西南	
	四綠木	九紫火	二黑土	
東	三碧木	五黃土	七赤金	西
	八白土	一白水	六白金	
	東北	北	西北	

壬寅年方位運用及運勢提升之道

流年財位與招財法

九宮飛星所代表的財位，因為每年不同，又叫作流年財位。在九宮飛星中代表財運的星有「一白、六白、八白」，也分別代表了「文官官運財運」、「武官官運財運」以及「整體財運」。經過正確運用，能催動家中真財位，強化財運。

不同職業與不同發展方向的人，要催的財位就不同。像是公務人員希望能夠加薪升官，就要催動「一白」星。若是軍警保全等，想要能有更好的晉升管道，那就要催動「六白」星。而如果是上班族、經商者，或者是不管是哪一種人，就可以使用「八白」星來催動整體財運。

⊙一白財位

二〇二二年的文星（文曲星）也就是一白星的位置在北方，從事文職工作的人，可以在這個位置上放文昌筆，點旺文昌，讓思緒更加文思泉湧，靈感源源不絕。另外，在事業工作上面如果想要有所突破，增加人緣，也可以在這個位置上擺放粉水晶。從事文職內勤工作的人，如果房子的這個方位剛好有開窗的話，在事業工作上加分就會特別多。

可以在馬背上放錢，代表「馬上有錢」，意味著財運運勢提升。

⊙六白財位

六白星也就是武曲的位置，主要針對跑外勤，甚至軍人、警察，軍警職這類工作的人，**二〇二二年的六白位在西北方**，如果想在今年爭取晉升、升遷、遠調的機會，建議可以在這個位置上擺放馬匹飾品，最好是前面兩隻腳抬起的馬，頭朝外擺放，民俗上代表驛馬星動，表示比較有升遷或遠調的機會。馬的材質建議使用金屬，其次為原木，第三是玻璃材質。但如果工作已經很穩定者，建議馬匹擺放方向相反，頭朝內，樣子為四隻腳著地，所以如果馬背放錢，代表「馬上有錢」，意味著財運上有提升。馬背上放猴子，代表「馬上封侯」。

⊙八白財位

八白星也就是左輔星的位置，今年來到東北方，不僅是上班、公職或經商，即使只是擺個攤位，都可以運用這個位置來催旺財運。另外，在寺廟中求到的發財金，也可以擺放這個位置上，加分比較多。

東南	南	西南
東		西
八白土	一白水	六白金
東北	北	西北

流年桃花位與招桃法

對於桃花位的應用，大多數的人都存有誤解，以為招桃花僅針對男女間的感情。其實「桃花」可以區分為「姻緣桃花」與「人緣桃花」。「姻緣桃花」就是我們一般所認識的、針對男女感情的桃花，如果能招到好的姻緣桃花，就能夠找到好對象，也比較有機會獲得好的姻緣。

另一種是「人緣桃花」，這種桃花代表的是個人與他人之間的交情、友誼。有好的「人緣桃花」，對於人際關係的促進有很大的幫助。對應到日常生活中，如果從事需要密切與人來往的職業，像是業務員、房仲業者、商店販售的店員等，如果能夠適當的增強自己的人緣桃花，對於業績也會有很大的幫助。

在九宮飛星圖中掌管桃花的有一白。根據九宮飛星圖的流年方位，**今年一白星落在北方的位置，因此今年的流年桃花位就在北方**。如果未婚者希望有好對象，可以在這個位置上放置粉水晶或裝水的容器裡放入粉晶，有助於提升運勢。如果是已婚者希望能讓自己有好人緣，可以擺設紫水晶，會幫助促進人際關係，也會增強判斷力。

另外，九宮飛星中的九紫星，一般認為是能招來喜事、催動姻緣。**今年的九紫星位在南方**，可以在這個方位上擺放在月老廟求得的紅線，可以為感情加分。

可至月老廟求紅線，為桃花加分。

⊙ 桃花位的維護

在桃花位擺放招桃花的物品來催動桃花之後，並不表示就可以安心的不去管它。平時也要特別注意桃花位的維護。

如果桃花位髒亂，或者用來擺垃圾桶，在感情上就會很容易遭小人破壞，導致感情破裂。

如果桃花位上擺放髒衣服或是雜物，代表感情容易有遇人不淑、所遇非人的狀況。因為桃花位上堆滿雜物，象徵著感情的狀況錯綜複雜。

如果桃花位完全的空曠或者過度清潔，也不太好，暗示著感情會一乾二淨，感情上容易有缺口經常沒有對象。桃花位如果沒有要加以運用，也最好是保持整齊、清潔，給予適當的照明，才能避免招來爛桃花，並打壞自己的好人緣。

流年文昌與催旺法

九宮飛星中掌管考運的文昌位是為四綠星。**今年的四綠星也就是文昌位於東南方**，對於學生、考公職的人都可以運用這個位置來催旺運勢。有打算考試或是家中有正在求學的小孩，可以在家中**東南方**的位置設置書桌，在文昌位上讀書，將有助於集中精神，提升考運。

另外催旺文昌最常見的方式是點燈，古人用油燈，現代可用檯燈或立燈來代替，在燈上綁上紅布條、紅線或紅繩，不僅對於家裡人的考運能加分，也代表開智慧。也可以運用文昌塔，民間認為文昌塔有貴子之意，就是小孩子考取功名、富貴的意思。但是塔型的高度，應該以奇數為主，一般最高是十三層，可使用五層、七層、九層，越高代表層級越好。在文昌位上也可擺放文房四寶，或者是懸掛文昌筆，以及貼上獨占鰲頭的鰲的圖像或魁星踢斗圖，對於讀書或者是頭腦判斷能力都會有提升。另外也可以擺放紫水晶，可以增強注意力與記憶力，幫助思路清晰，相對的就容易獲得好成績。

如果流年文昌位正好落在廁所的時候，對於判斷分析跟理解能力會有負面影響。建議在廁所內擺放土種黃金葛並且以燈照射，來化解。

正確的書桌擺設，也能幫助提升運氣。書桌或辦公桌最好的擺設方式為：桌面的左邊放置電腦與電話，桌面的右邊則放置文件與文具。這樣的擺放方式能營造出一種安心的氣氛，讓坐在書桌前的人能夠專心的讀書或辦公。

書桌上也可以放置紫水晶，形狀最好是圓形，可以加強思緒清晰。特別要注意的是，像美工刀、剪刀等利器，最好都封好收起來，以免利刃傷害了好機會以及好考運。

在文昌位貼魁星踢斗圖，對於讀書或是頭腦判斷能力都有提升的效用。

流年災病方位與避除法

九宮飛星中有二個要特別注意的星宿，分別為二黑與五黃，是要特別注意防範的方位。

其中二黑代表了「巨門星」，主「身心病痛」，民俗上也代表病符的位置，**今年剛好落在西南方**，因此在居家流年風水中，要特別注意的便是避免在這個方位睡覺，以防容易生病，如果房間在這方位者，在這年最好能換房睡覺，也建議在這個方位上擺放龜殼、葫蘆或者是千鶴圖，對於健康方面有加分的效果，不過，要記住千鶴圖千萬不能放上面有畫太陽的，因為那意味著日落西山、駕鶴西歸，千萬要注意！

五黃則代表了「廉貞星」，今年落在正中央，主的是「災病凶煞」，是可能會帶來災難病痛的凶星，而且通常是指關於血光的部分，容易受傷、開刀或者有意外傷害。最忌諱的就是動土，因此在居家流年風水中，要特別注意的便是避免在這個方位動土，不管是裝潢、油漆、修改隔間……等，最好都能先避開**這個方位**，並延到明年後再行施工，也要避免在此方位睡覺。

要注意的是，**居家外面、對面等方位，如果剛好有人動土，家中也會受到五黃煞氣的影響**，一般來說，可以在面對動工的方位上，擺放龜殼來化解。

今年可在家中北方的位置，擺放葫蘆，對於健康有加分的效果。

此外，位於**東方的三碧木**，一般來說會帶來官非跟盜賊的影響，也盡量不在這個方位動土。**位於西方的七赤金**，代表破軍星，是盜賊之星，通常在這個方位動工或裝潢，意味著容易遭小偷，也要盡量避免。

	東南	南	西南	
			二黑土	
東	三碧木	五黃土	七赤金	西
	東北	北	西北	

二〇二二壬寅年九宮方位應用圖

	東南	南	西南	
	招文昌	招姻緣 桃花	勿睡此	
東	勿動土	勿動土	勿動土	西
	招財運	招財運 招桃花	招財運	
	東北	北	西北	

今年的太歲方

今年太歲方在寅方（東北方），而今年歲破方則在太歲方對面的申方（西南方）。

我們常聽人說的「太歲頭上動土」，代表一個人不知好歹，做了不該做的事，惹了不該惹的人，因此準備要倒大楣了。其由來便是民俗上認為每年的太歲星君，都會固定降臨在家中的某個方位（例如**今年是寅方**），那個方位在今年中，便會成為太歲星君的「專屬方位」。因此如果在這個方位動土，就好像打擾到了太歲星君，可能會使得太歲星君不高興，住家運勢自然可能因而下降。另外要注意的是，歲破方也不能動土。

今年的太歲星君為「賀諤大將軍」。

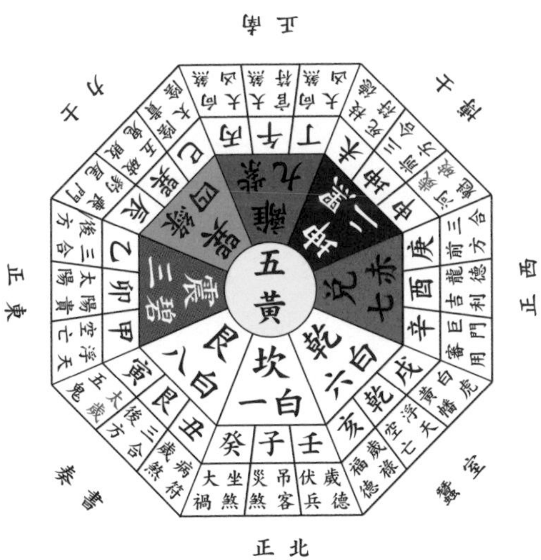

六

壬寅年命名大全

姓名學概述

漢字是相當獨特的一種文字，與西方字母不同，漢字是由一筆一畫構成的方塊文字。一個方塊字裡頭，不僅有「象」、有「數」、有「音」也有「義」，亦即《說文解字》提到的：「象形、指事、會意、形聲、轉注、假借。」

從姓名學的角度來說，八字走的是先天命，名字走的是後天運。漢字中的每一個部分都與陰陽五行有所呼應。所以在中國古代，人們便會利用漢字來占卜吉凶禍福，可見漢字不只是單純的文字，更包含著無數的資訊與深意。因此運用在名字上面，對於一個人的影響之大，就不得不謹慎。名字的好壞，關係一個人一生的事業、婚姻、健康乃至親子關係的優劣。

傳統姓名學認為姓名的組合，要考慮許多面向，包括字義、屬性組合、三才、五行、筆劃、生肖、甲骨、八字……要判斷一個人的姓名是否適合，對運勢是否有加分，有兩個重要的步驟：

1 先排出正確的姓名筆劃。

2 針對人格、地格、外格、總格的筆劃來判斷。

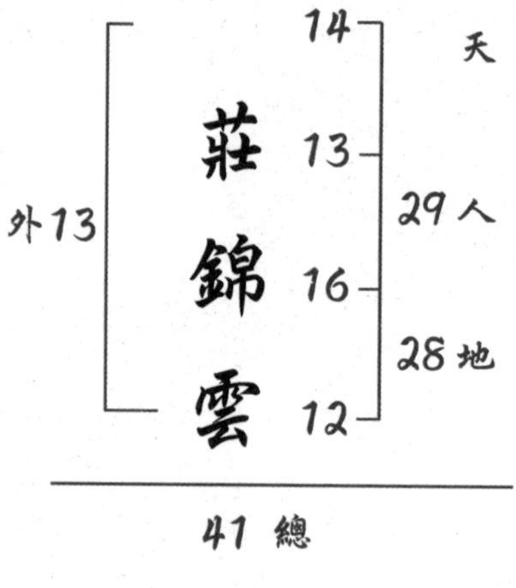

壬寅年出生者命名注意事項

適合的部首

「庚」「辛」「壬」「癸」

今年天干為「壬」，有這些部首的字，能夠助旺本命，加分較多。

「馬」「午」「犬」「戌」

虎年地支「寅」，以格局來看，「馬」、「午」、「犬」、「戌」形成三合，因此姓名中有這些部首都能提升運勢。

「兔」「卯」「龍」「辰」

虎年地支「寅」，以格局來看，「兔」、「卯」、「龍」、「辰」形成三會，因此姓名中有這些部首都能提升運勢。

「山」

老虎雄霸山林，有智勇雙全，福壽興家的含意。

「王」（斜玉旁）

老虎為萬獸之王，有英俊才人，多才巧智的含意。

「礻」「衤」「氵」

這些部首有名利雙收，環境良好的含意。

「月」（肉字旁）

肉為老虎主要糧食，有義利分明，操守廉正，克己助人的含意。

「木」「寅」

這些部首能夠助旺肖虎者。

「大」「長」「巾」「彡」

代表披上彩衣、華麗其身，有升格的意味。

不適合的部首

「土」「己」

今年天干為「壬」，有這些部首的字會有相剋的狀況。

「虫」「巳」「几」「乙」「弓」

切忌姓名中有這些象徵蛇的部首，所謂「蛇逢猛虎如刀戳」、六害主損財。

「申」「侯」

虎與猴有刑沖，發展上減分。

「亥」「豕」「者」

虎與豬合中帶破，彼此間有好有壞，無法抵銷，因此要避免。

「日」「火」「灬」

老虎不耐熱、怕光，名字中如有這些部首，容易脾氣不好，個性倔強、煩惱多，幼年多災。

「口」「田」「囗」「宀」「冖」「人」

有柵欄的意思，代表圍困、圈禁，發展會受限，不易展其威勢之感。

「系」

意為絲線繩索，用以拴綁，暗示束縛、限制。

「石」「刀」

皆為攻擊老虎的武器，代表受限、血光。

「皿」「夂」

有見血、受傷、餓肚子的含意。

「彳」（雙人旁）

所謂「打虎不離親兄弟」，代表被人控制，為人所傷，易引起血光之災。

「禾」「艸」（草字頭）

老虎為肉食動物，因此代表不得食，心情苦悶，煩憂難解。

「足」（足字旁）

暗示病弱短壽或少年失怙，多災厄多刑剋。

男生

二月生 帶桃花，感情機會多，但要小心有爛桃花，命名要慎選。

四月生 孤獨格兼鐵掃和亡神煞，個性稍微孤僻，入贅或住女方家比較會有影響。取名時要留意，也要盡量避免疾病喪葬的場合。

六月生 犯重婚，婚姻比較會有變數，容易二婚，建議盡量晚婚，注意命名。

十月生 破月，也是對婚姻感情較有影響，命名時要特別注意。

女生

二月生 帶桃花，感情上比較豐富，或是可以靠外貌生財，但要避免變成桃花煞。

三月生 破月，對婚姻感情較有影響，不適合早婚，命名時要特別注意。

四月生 亡神煞，盡量避免疾病喪葬的場合與物品。

七月生 鐵掃兼再嫁，取名字要注意，婚姻易有變數，建議晚婚，或是婚後自組小家庭，不和公婆住。

十二月生 寡宿，對婚姻較有影響，可能聚少離多或是分離。

姓名八十一數吉凶靈動表

筆劃數	吉凶	詩評
一劃	吉	大展鴻圖，信用得固，無遠弗屆，可獲成功。
二劃	凶	根基不固，搖搖欲墜，一盛一衰，勞而無功。
三劃	吉	根深蒂固，蒸蒸日上，如意吉祥，百事順遂。
四劃	凶	坎坷前途，苦難折磨，非有毅力，難望成功。
五劃	吉	陰陽和合，生意興隆，名利雙收，後福重重。
六劃	吉	萬寶雲集，天降幸運，立志奮發，可成大功。
七劃	吉	專心經營，和氣致祥，排除萬難，必獲成功。
八劃	吉	努力發達，貫徹志望，不忘進退，成功可期。
九劃	凶	雖抱奇才，有才無命，獨營無力，財力難望。

筆劃數	吉凶	詩評
十劃	凶	烏雲遮月，暗淡無光，空費心力，徒勞無功。
十一劃	吉	草木逢春，枯葉沾露，穩健著實，必得人望。
十二劃	凶	薄弱無力，孤立無援，外祥內苦，謀事難成。
十三劃	吉	天賦吉運，能得人望，善用智慧，必獲成功。
十四劃	大凶	忍得苦難，必有後福，是成是敗，惟靠堅毅。
十五劃	吉	謙恭做事，外得人和，大事成就，一定興隆。
十六劃	吉	能獲眾望，成就大業，名利雙收，盟主四方。
十七劃	吉	排除萬難，有貴人助，把握時機，可得成功。
十八劃	吉	經商做事，順利昌隆，如能慎始，百事亨通。

十九劃	大凶	成功雖早，慎防空虧，內外不合，障礙重重。
二十劃	大凶	智高志大，歷盡艱難，焦心憂勞，進退兩難。
二十一劃	吉	專心經營，善用智慧，霜雪梅花，春來怒放。
二十二劃	凶	秋草逢霜，懷才不遇，憂愁怨苦，事不如意。
二十三劃	吉	旭日昇天，名顯四方，漸次進展，終成大業。
二十四劃	吉	錦繡前程，須靠自力，多用智謀，能奏大功。
二十五劃	吉	天時地利，再得人和，講信修睦，即可成功。
二十六劃	凶	波瀾起伏，千變萬化，凌駕萬難，必可成功。
二十七劃	凶帶吉	一成一敗，一盛一衰，惟靠謹慎，可守成功。
二十八劃	大凶	魚臨旱地，難逃惡運，此數大凶，不如更名。
二十九劃	吉	如龍得雲，青雲直上，智謀奮進，才略奏功。

三十劃	凶	吉凶參半，得失相伴，投機取巧，如賽一樣。
三十一劃	吉	此數大吉，名利雙收，漸進向上，大業成就。
三十二劃	吉	池中之龍，風雲際會，一躍上天，成功可望。
三十三劃	吉	不可意氣，善用智慧，如能慎始，必可昌隆。
三十四劃	大凶	災難不絕，難望成功，此數大凶，不如更名。
三十五劃	吉	中吉之數，進退保守，生意安穩，成就可期。
三十六劃	凶	波瀾重疊，常陷窮困，動不如靜，有才無命。
三十七劃	吉	逢凶化吉，吉人天相，風調雨順，生意興隆。
三十八劃	凶帶吉	名雖可得，利則難獲，藝界發展，可望成功。
三十九劃	吉	雲開見月，雖有勞碌，光明坦途，指日可期。
四十劃	吉帶凶	一盛一衰，浮沉不定，知難而退，自獲天佑。

筆劃數	吉凶	詩評
四十一劃	吉	天賦吉運，德望兼備，繼續努力，前途無限。
四十二劃	**吉帶凶**	事業不專，十九不成，專心進取，可望成功。
四十三劃	**吉帶凶**	雨夜之花，外祥內苦，忍耐自重，轉凶為吉。
四十四劃	凶	雖用心計，事難遂願，貪功好進，必招失敗。
四十五劃	吉	楊柳遇春，綠葉發枝，衝破難關，一舉成名。
四十六劃	凶	坎坷不平，艱難重重，若無耐心，難望有成。
四十七劃	吉	有貴人助，可成大業，圓滿無疑，福及子孫。
四十八劃	吉	美化豐實，鶴立雞群，名利俱全，繁榮富貴。
四十九劃	凶	遇吉則吉，遇凶則凶，惟靠謹慎，逢凶化吉。
五十劃	**吉帶凶**	吉凶互見，一成一敗，凶中有吉，吉中有凶。

筆劃數	吉凶	詩評
五十一劃	**吉帶凶**	一盛一衰，沉浮不常，自重自處，可保平安。
五十二劃	吉	草木逢春，枯葉沾露，福自天降，財源廣進。
五十三劃	**吉帶凶**	盛衰參半，外祥內苦，先吉後凶，先凶後吉。
五十四劃	**大凶**	雖傾全力，難望成功，此數大凶，最好改名。
五十五劃	**吉帶凶**	外觀隆昌，內隱禍患，克服難關，開出泰運。
五十六劃	凶	事與願違，終難成功，欲速不達，有始無終。
五十七劃	吉	努力經營，時來運轉，曠野枯草，春來花開。
五十八劃	**凶帶吉**	半凶半吉，沉浮多端，始凶終吉，能保成功。
五十九劃	凶	遇事猶疑，難望成事，大刀闊斧，始可有成。
六十劃	凶	黑暗無光，心迷意亂，出爾反爾。難定方針。

六十一劃	**吉帶凶**	雲遮半月，百隱風波，應自謹慎，始保平安。
六十二劃	**凶**	煩悶懊惱，事事難展，自防災禍，始免困境。
六十三劃	**吉**	萬物化育，繁榮之象，專心一意，必能成功。
六十四劃	**凶**	見異思遷，十九不成，徒勞無功，不如更名。
六十五劃	**吉**	吉運自來，能享盛名，把握機會，必獲成功。
六十六劃	**凶**	黑夜漫長，進退維谷，內外不和，信用缺乏。
六十七劃	**吉**	時來運轉，事事如意，功成名就，富貴自來。
六十八劃	**吉**	思慮周詳，計畫力行，不失先機，可望成功。
六十九劃	**凶**	動搖不安，常陷逆境，不得時運，難得利潤。
七十劃	**凶**	慘淡經營，難免貧困，此數不吉，最好改名。
七十一劃	**吉帶凶**	吉凶參半，惟賴勇氣，貫徹力行，始可成功。

七十二劃	**凶**	利害混集，凶多吉少，得而復失，難以安順。
七十三劃	**吉**	安樂自來，自然吉祥，力行不懈，終必成功。
七十四劃	**凶**	利不及費，坐食山空，如無智謀，難望成功。
七十五劃	**吉帶凶**	吉中帶凶，欲速不達，進不如守，可保安祥。
七十六劃	**大凶**	此數大凶，破產之象，宜速改名，以避厄運。
七十七劃	**吉帶凶**	先苦後甘，先甘後苦，如能守成，不致失敗。
七十八劃	**吉帶凶**	有得有失，華而不實，須防劫財，始保平安。
七十九劃	**凶**	如走夜路，前途無光，希望不大，勞而無功。
八十劃	**吉帶凶**	得而復失，枉費心機，守成無貪，可保安穩。
八十一劃	**吉**	最極之數，還本歸元，能得繁榮，發達成功。

壬寅年出生者適合職業解析

傳統的風水觀念中，認為這世界上的萬物都是由「金木水火土」所構成，這五行的「相生」、「相剋」，構成了萬物的變化。五行對照的不僅是天上的星辰與地上的物質，在傳統風水觀念中，方位、數字、顏色、時間、乃至人體構造與職業，都有各自的五行屬性。

在「五行」的觀念中，每個人也有各自的「五行屬性」，一旦了解所屬的五行，便可知道自己目前所從事的學習或職業，是不是符合本身的屬性，也可以依此作為對於未來規劃的參考。

對於家長來說，找出小孩子的性向往往是困難的一件事，如果能夠從小就找出適合孩子發展的方向，並適切的輔助引導孩子，對於孩子日後的學習或是就業都容易產生加分的作用。

簡單的說，在一開始挑選科系或職業上，如果能夠依照「五行相生」的原則，避開相剋的情形，不僅讀書與工作能事半功倍，也比較容易獲得好的發展與機會。如果正處於人生的十字路口，也可以依此原則來看看是否需要轉換跑道。

讀者可從下頁之「壬寅年曆」中找出出生時的「干支日」，再依據「日干與五行對照」，便能推算出今年出生之人所代表之「易經卦象」。

而在「適合職業」的判定上，則須同時將「出生季節」考慮進去，對出生季節的判定，是以農民曆中的「節氣」為基準。將一年以「立春」、「立夏」、「立秋」、「立冬」這四個日子區分為春夏秋冬四個季節，在「立夏」後、「立秋」前出生者，其出生季節即為「夏」。

出生日期與易經卦象對照表

出生日期	日干甲、乙	日干丙、丁	日干戊、己	日干庚、辛	日干壬、癸
易經卦象	木	火	土	金	水

若是出生於交節氣的當天又怎麼計算呢？事實上「交節氣」是指太陽在某個時點開始走入下一個節氣，所以是以「某日某時」為時間點，過了交節氣該日的該時辰之後，才轉為下一個季節。

而同一屬性，出生季節卻不同的人，在特性上便會有所不同。例如：「火」可以代表火焰，夏天已為躁熱的天氣型態，此時若再不小心火燭，恐因「木」材助燃而釀成火災。因此「夏月之火」便不適合「木」。但如果是「冬月之火」，由於「火」在寒冷的冬日裡顯得微弱，不容易燃燒起來，若是加了「木」材就能燃燒得更旺，藉以取暖過冬。所以季節與屬性的搭配十分重要。

找出孩子所屬的「四時屬性」後，便可以對照「出生季節卦象與適合職業對照表」，找出最適合的職業屬性，再從下面的「五行職業列表」中，就可以找到最適合孩子的發展方向了。

屬金性行業

與金（金屬、工具、金錢）相關行業：

金銀珠寶業經銷販售、金屬業、貴金屬；五金礦業、冶金、工程、開礦、伐木、刀模、機械、兵工廠、機車行、汽車維修、鎖匙行、修鞋、五金行、武術、音響店、手機行、鐘錶行、眼鏡行、玻璃明鏡店、鋁門窗製作、獎牌徽章店、電器經銷販售、電子器材經銷販售；金融、貿易、經濟、會計、銀行、證券、基金會、彩券行、租車行、網咖、電腦美工設計、動畫師、電話交友、打字員。

屬堅硬性、主動性、主宰性之行業：

軍人、警察、保全、大樓管理員、警衛、討債公司、催帳員、徵信社、外勤公務員、運動、科學、科技、大法官、民意代表、交通事業、司機、鑑定業。

屬木性行業

與木（木材、紙筆布料、藥材）相關行業：

木材、林業、木工、傢俱、裝潢、木器製造業、特殊動植物生長之學者、植物栽種實驗人員、種植花草樹果業、茶葉種植販售；造紙、纖維、紡織、文具行、影印店、出版社、文藝界、文化事業編輯、作家、校稿員、內勤公務人員、司法警政人員、保健醫療器材、保健衛生、健康食品、醫生、藥劑師、護士、按摩師。

屬心靈導引、潛移默化之行業：

僧侶、教授、教師、心理醫師、命理師、舞蹈老師、比丘、比丘尼。

屬水性行業

與水（水、海河、冰）相關行業：

水利、航海業、消防業、溫泉業、酒類經銷販售、醬油、浴室、清潔人員；釣具、泳具、水產、漁貨、船員、漁具相關行業；冷飲業、冷凍。冷藏食品、日本料理、飲茶室、冰果室、冷氣。

屬流動性之行業：

流動性之攤販、外交人員、業務人員、仲介、旅遊業、玩具販售、魔術師、特技人員、特殊表演業、遊樂場、電影院、搬家業、送報員、派報員、送羊牛奶員、跑單幫、市調人員（問卷訪問、計次人員）、空勤人員、記者、偵探、演藝業、服務業（餐廳、飲食店、喫茶店、酒家、酒吧、接待業、旅館）、劇團、自由業、行銷企畫人員、研究、調查、分析。

屬火性行業

與火（火、光、熱、電）相關行業：

冶金、化學、瓦斯、高溫物品、高溫餐飲業廚師、外燴廚師、食品業；照明設備、放映師、錄音師、攝影師、相片館、攝影器材販售、製片業、燈光師；手工藝品、機械加工、食物模型製作、陶瓷製造、工藝、玩具製造、理燙髮業、美容瘦身、修護業、印製業、油品、酒類釀造、汽鍋、暖氣；電氣（發電、機具、工廠）。

具影響性之行業：

評論家、心理學家、演說家、文學（文學研究出版經銷、語文學）、排版、雜誌、新聞、傳播媒體、廣告業、舞台燈光音響、招牌、法律、繪畫、樂器、地毯、窗簾、服飾、衣帽、服裝設計、圖案、裝飾、美工、美容、美術、化妝、美容業、登山用品、玩具槍店、百貨業、十元商店、雕刻、古董。

屬土性行業

與土（土地、土木）相關行業：

畜牧業、蔬果販賣商、農畜百業、農業、林業、園藝、礦業、運輸、倉儲、房地產買賣、當舖、古董家、鑑定師、仲介業、代書、律師、法官、管理、設計、顧問、秘書、會計人員、會計師；水泥業、建築業（木工、水泥工、粗工）、垃圾場、停車場、水晶販售、陶瓷、碗盤販售、防水事業、製糊業。

與喪葬有關行業：

葬儀社、靈骨塔、宗教人員、以及所有宗教行業包括金燭店、車鼓陣、誦經團。

壬寅年年曆

111 年 2 月		111 年 1 月		國曆
正月大		十二月小		農曆
壬寅		辛丑		干支
2 月 19 日 雨水子時 0 時 43 分	2 月 4 日 立春寅時 4 時 51 分	1 月 20 日 大寒巳時 10 時 39 分	1 月 5 日 小寒酉時 17 時 14 分	節氣 （國曆）
支干	農曆正月	支干	農曆十二 月	國曆
乙酉	正月	甲寅	廿九	1
丙戌	初二	乙卯	三十	2
丁亥	初三	丙辰	十二月	3
戊子	初四	丁巳	初二	4
己丑	初五	戊午	初三	5
庚寅	初六	己未	初四	6
辛卯	初七	庚申	初五	7
壬辰	初八	辛酉	初六	8
癸巳	初九	壬戌	初七	9
甲午	初十	癸亥	初八	10
乙未	十一	甲子	初九	11
丙申	十二	乙丑	初十	12
丁酉	十三	丙寅	十一	13
戊戌	十四	丁卯	十二	14
己亥	十五	戊辰	十三	15
庚子	十六	己巳	十四	16
辛丑	十七	庚午	十五	17
壬寅	十八	辛未	十六	18
癸卯	十九	壬申	十七	19
甲辰	二十	癸酉	十八	20
乙巳	廿一	甲戌	十九	21
丙午	廿二	乙亥	二十	22
丁未	廿三	丙子	廿一	23
戊申	廿四	丁丑	廿二	24
己酉	廿五	戊寅	廿三	25
庚戌	廿六	己卯	廿四	26
辛亥	廿七	庚辰	廿五	27
壬子	廿八	辛巳	廿六	28
		壬午	廿七	29
		癸未	廿八	30
		甲申	廿九	31

壬寅年年曆

國曆	111 年 4 月		111 年 3 月	
農曆	三月大		二月小	
干支	甲辰		癸卯	
節氣（國曆）	4 月 20 日 穀雨巳時 10 時 24 分	4 月 5 日 清明寅時 3 時 20 分	3 月 20 日 春分子時 23 時 33 分	3 月 5 日 驚蟄亥時 22 時 44 分
國曆	支干	農曆三月	支干	農曆二月
1	甲申	三月	癸丑	廿九
2	乙酉	初二	甲寅	三十
3	丙戌	初三	乙卯	二月
4	丁亥	初四	丙辰	初二
5	戊子	初五	丁巳	初三
6	己丑	初六	戊午	初四
7	庚寅	初七	己未	初五
8	辛卯	初八	庚申	初六
9	壬辰	初九	辛酉	初七
10	癸巳	初十	壬戌	初八
11	甲午	十一	癸亥	初九
12	乙未	十二	甲子	初十
13	丙申	十三	乙丑	十一
14	丁酉	十四	丙寅	十二
15	戊戌	十五	丁卯	十三
16	己亥	十六	戊辰	十四
17	庚子	十七	己巳	十五
18	辛丑	十八	庚午	十六
19	壬寅	十九	辛未	十七
20	癸卯	二十	壬申	十八
21	甲辰	廿一	癸酉	十九
22	乙巳	廿二	甲戌	二十
23	丙午	廿三	乙亥	廿一
24	丁未	廿四	丙子	廿二
25	戊申	廿五	丁丑	廿三
26	己酉	廿六	戊寅	廿四
27	庚戌	廿七	己卯	廿五
28	辛亥	廿八	庚辰	廿六
29	壬子	廿九	辛巳	廿七
30	癸丑	三十	壬午	廿八
31			癸未	廿九

111年6月		111年5月		國曆
五月大		四月小		農曆
丙午		乙巳		干支
6月21日 夏至酉時 17時14分	6月6日 芒種子時 0時26分	5月21日 小滿巳時 9時23分	5月5日 立夏戌時 20時26分	節氣 （國曆）
支干	農曆五月	支干	農曆四月	國曆
乙酉	初三	甲寅	四月	1
丙戌	初四	乙卯	初二	2
丁亥	初五	丙辰	初三	3
戊子	初六	丁巳	初四	4
己丑	初七	戊午	初五	5
庚寅	初八	己未	初六	6
辛卯	初九	庚申	初七	7
壬辰	初十	辛酉	初八	8
癸巳	十一	壬戌	初九	9
甲午	十二	癸亥	初十	10
乙未	十三	甲子	十一	11
丙申	十四	乙丑	十二	12
丁酉	十五	丙寅	十三	13
戊戌	十六	丁卯	十四	14
己亥	十七	戊辰	十五	15
庚子	十八	己巳	十六	16
辛丑	十九	庚午	十七	17
壬寅	二十	辛未	十八	18
癸卯	廿一	壬申	十九	19
甲辰	廿二	癸酉	二十	20
乙巳	廿三	甲戌	廿一	21
丙午	廿四	乙亥	廿二	22
丁未	廿五	丙子	廿三	23
戊申	廿六	丁丑	廿四	24
己酉	廿七	戊寅	廿五	25
庚戌	廿八	己卯	廿六	26
辛亥	廿九	庚辰	廿七	27
壬子	三十	辛巳	廿八	28
癸丑	六月	壬午	廿九	29
甲寅	初二	癸未	五月	30
		甲申	初二	31

壬寅年年曆

國曆	111 年 8 月		111 年 7 月	
農曆	七月小		六月大	
干支	戊申		丁未	
節氣（國曆）	8 月 23 日 處暑午時 11 時 16 分	8 月 7 日 立秋戌時 20 時 29 分	7 月 23 日 大暑寅時 4 時 07 分	7 月 7 日 小暑巳時 10 時 38 分
國曆	支干	農曆七月	支干	農曆六月
1	丙戌	初四	乙卯	初三
2	丁亥	初五	丙辰	初四
3	戊子	初六	丁巳	初五
4	己丑	初七	戊午	初六
5	庚寅	初八	己未	初七
6	辛卯	初九	庚申	初八
7	壬辰	初十	辛酉	初九
8	癸巳	十一	壬戌	初十
9	甲午	十二	癸亥	十一
10	乙未	十三	甲子	十二
11	丙申	十四	乙丑	十三
12	丁酉	十五	丙寅	十四
13	戊戌	十六	丁卯	十五
14	己亥	十七	戊辰	十六
15	庚子	十八	己巳	十七
16	辛丑	十九	庚午	十八
17	壬寅	二十	辛未	十九
18	癸卯	廿一	壬申	二十
19	甲辰	廿二	癸酉	廿一
20	乙巳	廿三	甲戌	廿二
21	丙午	廿四	乙亥	廿三
22	丁未	廿五	丙子	廿四
23	戊申	廿六	丁丑	廿五
24	己酉	廿七	戊寅	廿六
25	庚戌	廿八	己卯	廿七
26	辛亥	廿九	庚辰	廿八
27	壬子	八月	辛巳	廿九
28	癸丑	初二	壬午	三十
29	甲寅	初三	癸未	七月
30	乙卯	初四	甲申	初二
31	丙辰	初五	乙酉	初三

111 年 10 月		111 年 9 月		國曆
九月小		八月大		農曆
庚戌		己酉		干支
10 月 23 日 霜降酉時 18 時 36 分	10 月 8 日 寒露申時 15 時 22 分	9 月 23 日 秋分巳時 9 時 04 分	9 月 7 日 白露子時 23 時 32 分	節氣 （國曆）
支干	農曆九月	支干	農曆八月	國曆
丁亥	初六	丁巳	初六	1
戊子	初七	戊午	初七	2
己丑	初八	己未	初八	3
庚寅	初九	庚申	初九	4
辛卯	初十	辛酉	初十	5
壬辰	十一	壬戌	十一	6
癸巳	十二	癸亥	十二	7
甲午	十三	甲子	十三	8
乙未	十四	乙丑	十四	9
丙申	十五	丙寅	十五	10
丁酉	十六	丁卯	十六	11
戊戌	十七	戊辰	十七	12
己亥	十八	己巳	十八	13
庚子	十九	庚午	十九	14
辛丑	二十	辛未	二十	15
壬寅	廿一	壬申	廿一	16
癸卯	廿二	癸酉	廿二	17
甲辰	廿三	甲戌	廿三	18
乙巳	廿四	乙亥	廿四	19
丙午	廿五	丙子	廿五	20
丁未	廿六	丁丑	廿六	21
戊申	廿七	戊寅	廿七	22
己酉	廿八	己卯	廿八	23
庚戌	廿九	庚辰	廿九	24
辛亥	十月	辛巳	三十	25
壬子	初二	壬午	九月	26
癸丑	初三	癸未	初二	27
甲寅	初四	甲申	初三	28
乙卯	初五	乙酉	初四	29
丙辰	初六	丙戌	初五	30
丁巳	初七			31

壬寅年年曆

國曆	111 年 12 月		111 年 11 月	
農曆	十一 月小		十月大	
干支	壬子		辛亥	
節氣（國曆）	12 月 22 日 冬至卯時 5 時 48 分	12 月 7 日 大雪午時 11 時 46 分	11 月 22 日 小雪申時 16 時 20 分	11 月 7 日 立冬酉時 18 時 45 分
國曆	支干	農曆十一 月	支干	農曆十月
1	戊子	初八	戊午	初八
2	己丑	初九	己未	初九
3	庚寅	初十	庚申	初十
4	辛卯	十一	辛酉	十一
5	壬辰	十二	壬戌	十二
6	癸巳	十三	癸亥	十三
7	甲午	十四	甲子	十四
8	乙未	十五	乙丑	十五
9	丙申	十六	丙寅	十六
10	丁酉	十七	丁卯	十七
11	戊戌	十八	戊辰	十八
12	己亥	十九	己巳	十九
13	庚子	二十	庚午	二十
14	辛丑	廿一	辛未	廿一
15	壬寅	廿二	壬申	廿二
16	癸卯	廿三	癸酉	廿三
17	甲辰	廿四	甲戌	廿四
18	乙巳	廿五	乙亥	廿五
19	丙午	廿六	丙子	廿六
20	丁未	廿七	丁丑	廿七
21	戊申	廿八	戊寅	廿八
22	己酉	廿九	己卯	廿九
23	庚戌	十二月	庚辰	三十
24	辛亥	初二	辛巳	十一月
25	壬子	初三	壬午	初二
26	癸丑	初四	癸未	初三
27	甲寅	初五	甲申	初四
28	乙卯	初六	乙酉	初五
29	丙辰	初七	丙戌	初六
30	丁巳	初八	丁亥	初七
31	戊午	初九		

壬寅年年曆

112 年 2 月		112 年 1 月		國曆
正月小		十二月大		農曆
甲寅		癸丑		干支
2 月 19 日 雨水卯時 6 時 34 分	2 月 4 日 立春巳時 10 時 43 分	1 月 20 日 大寒申時 16 時 30 分	1 月 5 日 小寒子時 23 時 05 分	節氣 （國曆）
支干	農曆正月	支干	農曆十二月	國曆
庚寅	十一	己未	初十	1
辛卯	十二	庚申	十一	2
壬辰	十三	辛酉	十二	3
癸巳	十四	壬戌	十三	4
甲午	十五	癸亥	十四	5
乙未	十六	甲子	十五	6
丙申	十七	乙丑	十六	7
丁酉	十八	丙寅	十七	8
戊戌	十九	丁卯	十八	9
己亥	二十	戊辰	十九	10
庚子	廿一	己巳	二十	11
辛丑	廿二	庚午	廿一	12
壬寅	廿三	辛未	廿二	13
癸卯	廿四	壬申	廿三	14
甲辰	廿五	癸酉	廿四	15
乙巳	廿六	甲戌	廿五	16
丙午	廿七	乙亥	廿六	17
丁未	廿八	丙子	廿七	18
戊申	廿九	丁丑	廿八	19
己酉	二月	戊寅	廿九	20
庚戌	初二	己卯	三十	21
辛亥	初三	庚辰	正月	22
壬子	初四	辛巳	初二	23
癸丑	初五	壬午	初三	24
甲寅	初六	癸未	初四	25
乙卯	初七	甲申	初五	26
丙辰	初八	乙酉	初六	27
丁巳	初九	丙戌	初七	28
		丁亥	初八	29
		戊子	初九	30
		己丑	初十	31

出生節氣屬性與適合職業對照表

日干甲乙（木）					
出生日＼職業屬性	金	木	水	火	土
春月之木	可	良	劣	優	差
夏月之木	可	差	優	劣	良
秋月之木	良	可	劣	優	差
冬月之木	差	可	劣	優	良

日干丙丁（火）					
出生日＼職業屬性	金	木	水	火	土
春月之火	優	可	劣	良	差
夏月之火	可	劣	優	差	可
秋月之火	差	優	劣	良	可
冬月之火	差	優	劣	良	可

日干戊己（土）					
出生日＼職業屬性	金	木	水	火	土
春月之土	差	劣	可	優	良
夏月之土	可	良	優	劣	差
秋月之土	劣	優	差	良	可
冬月之土	差	良	優	可	劣

日干庚辛（金）					
出生日＼職業屬性	金	木	水	火	土
春月之金	良	差	劣	可	優
夏月之金	優	差	良	劣	可
秋月之金	劣	良	優	可	差
冬月之金	良	差	劣	可	優

日干壬癸（水）					
出生日＼職業屬性	金	木	水	火	土
春月之水	差	優	劣	可	良
夏月之水	良	劣	優	差	可
秋月之水	優	可	差	良	劣
冬月之水	差	良	劣	優	可

七

招財補運 DIY

從生肖解析桃花

對於熱戀中的情侶來說，彷彿只要彼此相愛，一切問題與狀況都不需要考慮了。然而在民間說法裡頭，有關於婚配雙方之間的年齡、生肖，確實是流傳下來特殊的考量與禁忌。在這裡提供一些說法，不妨參考看看。

以適婚年紀來說，傳統說法認為二十四歲這個年紀是較適合結婚的歲數。相對的，二十五歲以及二十九歲則是較不適合結婚。其中，二十五歲被稱為「孤鸞」，這年紀為本命年（犯太歲），行事上比較容易不順利；二十九歲則屬於逢關卡的年紀，對於男性來說尤需注意。民間認為在這兩個年齡結婚的人，婚姻會較不順利，所以通常建議避開。

適合的生肖組合

根據傳統說法，「十二地支」彼此之間有「相合」、「相沖」與「相剋」的情形，而十二生肖恰好代表了十二地支（如：鼠為子、牛為丑、虎為寅…等），因此，各個不同生肖的人之間也會有這些相合、相沖與相剋的情況。

其中，屬於「相合」的生肖，不僅個性上較合得來，甚至彼此運勢都可相互提升。以婚姻而言，如果兩人的生肖是「相合」的組合，對日後的生活種種等都來說有很大的加分。

而「相合」的組合又可分為「三合」以及「六合」兩組。其中「三合」也叫做「明合」，如果生肖是屬於「三合」的話，會推動雙方的財運、貴人運等。而「六合」又稱為「暗合」，會透過彼此運勢的互相拉抬，而讓工作、做事等進展順利。

生肖間「三合」與「六合」的組合可參考下表：

生肖	三合	六合
鼠	龍猴	牛
牛	蛇雞	鼠
虎	馬狗	豬
兔	羊豬	狗
龍	鼠猴	雞
蛇	牛雞	猴
馬	虎狗	羊
羊	兔豬	馬
猴	鼠龍	蛇
雞	牛蛇	龍
狗	虎馬	兔
豬	兔羊	虎

較不適合的生肖組合

民俗上認為，生肖之間除了合適的組合外，相對而言也有彼此容易發生沖剋問題的，是屬於比較不適合的組合，這主要可分為「相刑」、「相沖」、「相破」、「相害」等四種，而各項沖剋組合的影響狀況又不盡相同。

「相刑」指的是彼此易有摩擦，又可以分為「自刑」與「三刑」兩種。其中「自刑」是發生在同生肖之間，像是同為屬龍、屬馬、屬豬的組合，因為都想要主導的緣故，致使爭執產生。「三刑」則是指在行事上容易意見不合，經常為了大大小小的事情而反目。

「相沖」是指想法、觀念、看法的衝突，例其中一個人買東西方面價格是唯一考量，另一個人則認為品質很重要，貴也沒關係，這樣，很容易就會因為彼此看法不同而產生不快。

「相破」就是指口角，相處上容易吵架、天天吵、月月吵，沒事也要吵，紛爭難以止息的結果，也讓彼此的運勢跟著不順。

「相害」的狀況則容易產生金錢上的損失，兩個人在一起存款或進財就莫名其妙減少，工作發生阻礙，事業虧損。以婚姻來說，所謂「貧賤夫妻百事哀」正是這種寫照。民間甚至流傳一段生動的口訣來描述「相害」的組合：

羊鼠相逢一旦休，自古白馬怕青牛，蛇遇猛虎如刀戳，玉兔見龍雲裡去，豬遇猿猴似箭投，金雞遇犬淚雙流。

而生肖間「相刑」、「相沖」、「相破」、「相害」的組合可參考下表：

生肖	刑	沖	破	害
鼠	兔	馬	豬	羊
牛	羊狗	羊	龍	馬
虎	蛇猴	猴	豬	蛇
兔	鼠	雞	馬	龍
龍	龍	狗	牛	兔
蛇	虎猴	豬	猴	虎
馬	馬	鼠	兔	牛
羊	牛狗	牛	兔	鼠
猴	虎蛇	虎	蛇	豬
雞	雞	兔	鼠	狗
狗	牛羊	龍	羊	雞
豬	豬	蛇	虎	猴

較不適合結婚的年份

除了沖剋的禁忌之外，民間也有流傳各生肖不適合結婚的年份，例如以屬狗的生肖來看，無論男性或女性都不適合在蛇年結婚，詳細可參考下表：

出生生肖	男性忌婚年	女性忌婚年
鼠	羊	兔
牛	猴	虎
虎	雞	牛
兔	狗	鼠
龍	豬	豬
蛇	鼠	狗
馬	牛	雞
羊	虎	猴
猴	兔	羊
雞	龍	馬
狗	蛇	蛇
豬	馬	龍

其實，民俗上不管是相合或相剋的說法，都只是一個大方向的參考，無須因此就產生陰影。透過改善「風水」的方式，或是調整彼此的「姓名組合」，降低不好的影響，再加上兩人齊心經營，相信還是能夠讓婚姻或感情長長久久。

壬寅年太歲星君安奉與太歲符

「太歲」又稱「歲星」，每個人出生年與太歲都有對應關係，根據沖犯原則，就有「正沖」跟「偏沖」的概念產生。「正沖」就是正對自己的生肖年，而「偏沖」是指相隔六年。不管是正沖或偏沖，都屬不吉，都必須在年初「安奉太歲」，以求平安。而到了年尾則須「謝太歲」，感謝太歲整年的保佑。

太歲安奉法（年初安太歲）

安奉地點：可供奉在神桌上。

安奉時間：農曆正月初九、正月十五日，或選吉日安奉。

安奉供品：清茶、水果、香燭，另備壽金、太極金、天金。

安奉方法：將太歲符安放在正確位置後，備好香案，點三支香，心中默唸：「弟子〇〇〇因本年沖犯太歲，請太歲星君到此鎮宅，保佑平安。」一香燃過一半之後，即可燒化金紙，儀式完成。

謝太歲法（年尾謝太歲）

謝太歲地點：太歲供奉處。

謝太歲時間：農曆十二月二十四日上午吉時。

謝太歲供品：清茶、水果、香燭，另備壽金、太極金、天金。

謝太歲方法：在安奉太歲符前，備好香案，點三支香，心中默唸：「弟子〇〇〇，今備香花四果，感謝太歲星君一年的保佑。」之後取下太歲符，同金紙一同燒化即完成。

今年需安太歲者：

正沖——相虎人：一歲、十三歲、廿五歲、卅七歲、四九歲、六一歲、七三歲、八五歲

偏沖——相猴人：七歲、十九歲、卅一歲、四三歲、五五歲、六七歲、七九歲、九一歲

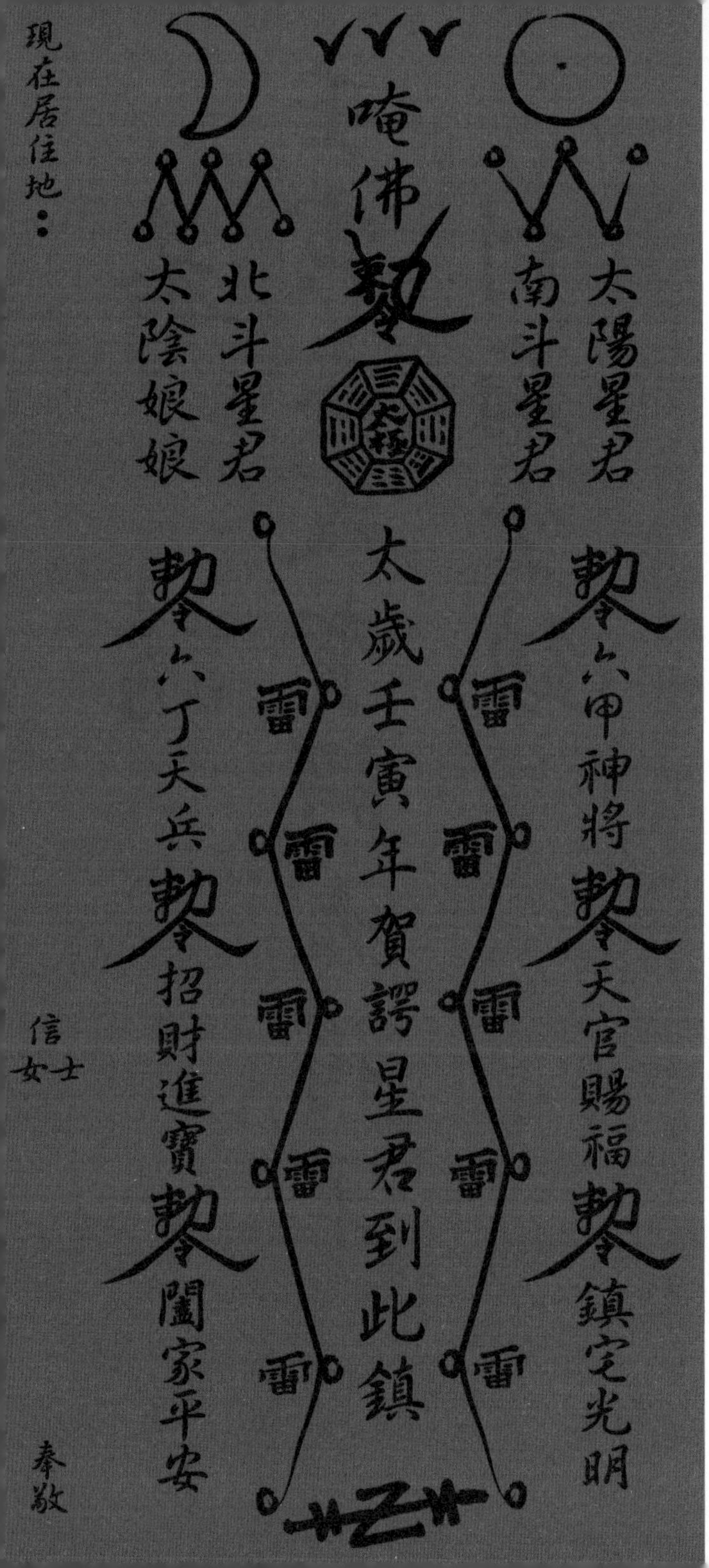

太陽星君
南斗星君
唵佛敕
北斗星君
太陰娘娘
敕令六甲神將
敕令天官賜福
敕令鎮宅光明
太歲壬寅年賀諤星君到此鎮
敕令六丁天兵
敕令招財進寶
敕令闔家平安
雷
現在居住地：
信士
信女
奉敬

恭請

壬寅太歲賀諤大將軍

到府坐鎮

謹

太歲稱號之差異

根據「六十甲子」的循環，太歲星君共有六十位。目前台灣各地所供奉的太歲星君，稱號都略有差異，但讀音都幾乎相近，因此有一說認為，這差異應是讀音與標記所引起。壬寅年的太歲星君為「賀諤星君」。

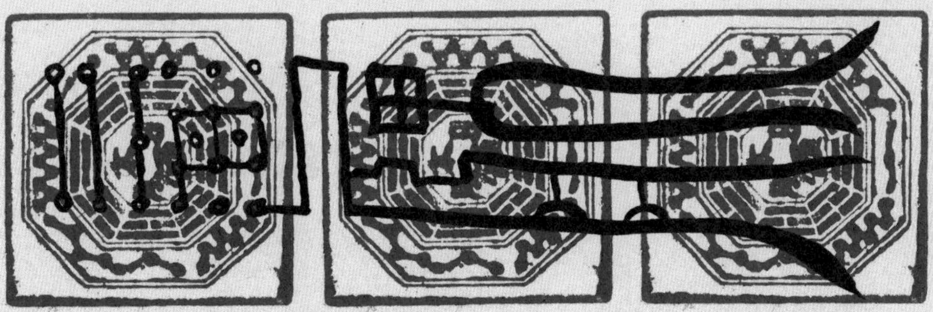

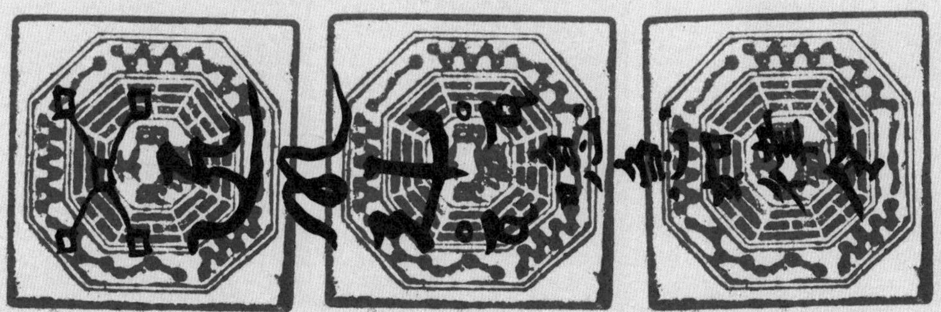

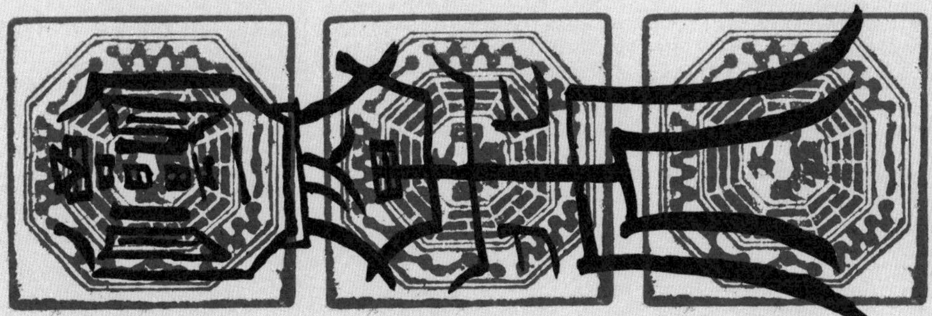

壬寅年個人招財符

謝沅瑾

命理研究中心

瑾

壬寅年居家招財符

謝沅瑾

命理研究中心

瑾

壬寅年店面招財符

謝沅瑾

命理研究中心

瑾

個人、店面、居家招財符

招財符使用說明

本次隨書附贈之「招財符三連發」（右頁，請讀者自行剪裁），分別為個人招財符、店面招財符與居家招財符。皆由謝沅瑾老師親自繪製開光，希望能帶給讀者一個好運滿滿的壬寅年。

⊙使用方法

個人招財符收在皮夾裡，隨身攜帶。居家與店面招財符，則擺放在家裡或店裡的隱密處，一般來說，店面招財符可以擺放在收銀台或櫃台的收銀機、抽屜之中，居家招財符則可以擺放在家裡的財位上，可以更加催動財位。

此符有一整年之效力，使用前可以先拿到陽廟之主爐上過香火，更添效力。擺放或者攜帶一年之後，在農曆十二月廿四日送神日時，同金紙一起燒化即可。謝沅瑾老師在此還要提醒大家，平日若多行善積德，努力工作，則招財效果更佳！

個人招財符置於皮包內，居家店面招財符則置於財位隱密處。

玩藝 0109

謝沅瑾虎年生肖運勢大解析

史上最萬用的開運工具書，謝老師親算二〇二二年農民曆、流年流月，
一書在案，虎虎生風一整年！

作　　者——謝沅瑾
書籍製作——謝沅瑾命理研究中心
攝　　影——高政全
全書設計——楊雅屏
責任編輯——王苹儒
責任企劃——宋　安

謝沅瑾虎年生肖運勢大解析：史上最萬用的開運工具書，謝老師親算二０二二農民曆、流年流月，一書在案，平安加持財旺運開!/謝沅瑾作. -- 初版. -- 臺北市：時報文化出版企業股份有限公司，2021.11
面；　公分
ISBN 978-957-13-9579-1(平裝)

1. 改運法 2. 命書

295.7　　110017213

總 編 輯——周湘琦
董 事 長——趙政岷
出 版 者——時報文化出版企業股份有限公司
108019 台北市和平西路三段二四〇號二樓
發行專線（02）2306-6842
讀者服務專線　0800-231-705、（02）2304-7103
讀者服務傳真（02）2304-6858
郵撥　1934-4724 時報文化出版公司
信箱　10899 臺北華江橋郵局第 99 信箱
時報悅讀網— http://www.readingtimes.com.tw
電子郵件信箱— books@readingtimes.com.tw
時報出版風格線臉書— https://www.facebook.com/bookstyle2014
法律顧問——理律法律事務所　陳長文律師、李念祖律師
印　　刷——華展印刷股份有限公司
初版一刷——2021 年 11 月 5 日
初版二刷——2022 年 1 月 21 日
定　　價——新台幣 399 元

服裝提供　麗龍

時報文化出版公司成立於一九七五年，
並於一九九九年股票上櫃公開發行，於二〇〇八年脫離中時集團非屬旺中，
以「尊重智慧與創意的文化事業」為信念。
（缺頁或破損的書，請寄回更換）